ESSAI

SUR LE

SUFFRAGE UNIVERSEL DIRECT

AVEC

SCRUTIN DE LISTE

SUIVI DE

L'HISTOIRE DE L'ÉLECTION DU 2 JUILLET 1871
DANS LE DÉPARTEMENT D'INDRE-ET-LOIRE

AVEC PIÈCES JUSTIFICATIVES A L'APPUI

PAR

LE COMTE DE GALEMBERT
LICENCIÉ EN DROIT
MEMBRE DE PLUSIEURS SOCIÉTÉS SAVANTES
SECRÉTAIRE DES DIVERS COMITÉS ÉLECTORAUX
DE LA DITE ÉLECTION

PRÉCÉDÉ D'UNE LETTRE DE M. F. LE PLAY

PARIS
E. DENTU, ÉDITEUR
PALAIS ROYAL, 17 ET 19, GALERIE D'ORLÉANS

1875

ESSAI

SUR

LE SUFFRAGE UNIVERSEL DIRECT

AVEC

SCRUTIN DE LISTE

ANGERS, IMPRIMERIE P. LACHÈSE, BELLEUVRE ET DOLBEAU

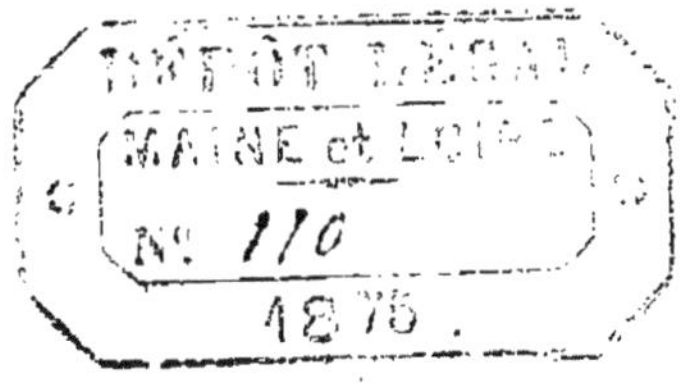

ESSAI

SUR LE

SUFFRAGE UNIVERSEL DIRECT

AVEC

SCRUTIN DE LISTE

SUIVI DE

L'HISTOIRE DE L'ÉLECTION DU 2 JUILLET 1871
DANS LE DÉPARTEMENT D'INDRE-ET-LOIRE

AVEC PIÈCES JUSTIFICATIVES A L'APPUI

PAR

LE COMTE DE GALEMBERT
LICENCIÉ EN DROIT
MEMBRE DE PLUSIEURS SOCIÉTÉS SAVANTES
SECRÉTAIRE DES DIVERS COMITÉS ÉLECTORAUX
DE LA DITE ÉLECTION

PRÉCÉDÉ D'UNE LETTRE DE M. F. LE PLAY

PARIS
E. DENTU, ÉDITEUR
PALAIS-ROYAL, 17 ET 19, GALERIE D'ORLÉANS

1875

TABLE DES MATIÈRES

PREMIÈRE PARTIE

DU SUFFRAGE UNIVERSEL DIRECT AVEC SCRUTIN DE LISTE

DEUXIÈME PARTIE

ÉLECTIONS DU 8 JUILLET 1871 DANS LE DÉPARTEMENT D'INDRE-ET-LOIRE

ÉLECTION DU 2 JUILLET

A MONSIEUR F. LE PLAY

AUTEUR DES OUVRIERS EUROPÉENS

—

Monsieur,

Lecteur assidu de vos ouvrages sur la réforme à opérer dans les sociétés européennes, j'ose mettre le mien sous votre haut patronage.

La solution de la question politique que j'y traite n'est, en effet, qu'une conséquence de l'enseignement que vous appuyez sur l'expérience.

En vous dédiant mon travail, je ne fais que vous restituer ce que je vous ai emprunté, d'abord en mettant en pratique la méthode d'*observation* dont vous êtes le promoteur; en second lieu, en étayant mes déductions sur les vrais principes qui font les peuples stables et prospères, principes que vous avez mis hors de toute contestation.

Agréez, Monsieur, l'assurance de la haute considération et de la respectueuse estime avec laquelle j'ai l'honneur d'être,

Votre très-humble et très-dévoué admirateur et disciple,

Cte DE GALEMBERT.

Parpacé, 3 mai 1875.

A MONSIEUR LE COMTE DE GALEMBERT

—

Monsieur,

Vous rendez un grand service à nos concitoyens en leur conseillant de faire taire la passion et de recourir à l'étude pour résoudre la question du droit de suffrage. Je désire que la confiance dont vous m'honorez soit justifiée par le succès de votre livre. Je serais fort heureux que mon assentiment pût contribuer quelque peu à diriger l'opinion vers votre méthode et votre conclusion.

Au milieu des divisions qui nous retiennent près de l'abîme, l'enquête, guidée par la loi morale et le patriotisme, est pour nous le plus sûr moyen de salut. Sous cette inspiration la tâche sera facile : elle se réduit, en effet, à com-

*

parer méthodiquement notre état actuel de souffrance avec la prospérité des peuples qui sont assez sages pour concilier deux tendances également nécessaires : le respect de la tradition, qui est l'une des garanties de la stabilité des races; le besoin de réforme, qui est sans cesse ramené, même chez les nations modèles, par l'action du vice originel.

En ce qui touche le droit de suffrage, l'observation comparée des peuples met tout d'abord en lumière une vérité saisissante. Les ouvriers de toute condition, qui trouvent le bien-être du présent et la sécurité de l'avenir dans les devoirs positifs ou moraux qui président à l'organisation du travail, sont partout animés des mêmes sentiments : ils aident leurs chefs naturels à maintenir près de l'atelier la paix sociale; ils leur abandonnent, en toute quiétude, le soin de la faire régner dans la province et l'État. Chaque ouvrier comprend que, pour la direction de ces intérêts éloignés, les patrons ont une aptitude qui lui fait défaut.

Les sentiments opposés se développent lentement, en France, depuis 1776 : ils ont pour origine l'œuvre de destruction accomplie par des lettrés ignorants, soutenus par un roi jeune et sans expérience, malgré l'opposition légitime des corporations du travail et des corps constitués de la monarchie. L'antagonisme actuel du patron et de l'ouvrier est la source de difficultés que soulève aujourd'hui la question du suffrage. Le rétablissement de la solidarité ramènera la solution qu'indique aux peuples prospères la nature même des hommes et des choses.

J'entends dire, il est vrai, depuis quatre ans, que la France doit être sauvée, sans retard, par un miracle ou une douzième catastrophe ; mais en attendant, travaillons à votre exemple, Monsieur, en priant Dieu, en cherchant le bien et en respectant la paix publique. L'œuvre du salut, considérée en elle-même, en dehors des idées préconçues, est plus facile que ne le croient les indolents et les découragés. La France a été solidement constituée, il y a six siècles, par les coutumes du christianisme et de la monarchie traditionnelle. Elle a été assurément affaiblie, sans relâche, depuis 1661, savoir : par cent vingt-huit ans de monarchie arbitraire, puis par quatre-vingt-six ans de révolutions périodiques ; mais elle possède encore d'immenses ressources matérielles et morales. Les forces qui subsistent amèneraient une prompte réforme, si elles étaient toutes dirigées vers le même but par les enseignements d'une judicieuse enquête. Nous pouvons, non-seulement nous sauver, mais encore remettre dans la bonne voie ceux qui nous ont justement admirés au XVIIe siècle et qui, depuis lors, ont été égarés par nos mauvais exemples.

Veuillez agréer, Monsieur, l'assurance de mes sentiments de haute estime et d'affectueux dévouement.

F. Le Play.

Paris, 6 mai 1875.

AVANT-PROPOS

Le petit volume que je me décide à publier devait paraître au mois de novembre 1871. Des amis éclairés autant que dévoués auxquels je soumis mon manuscrit, me conseillèrent d'en ajourner la publication. Ils se fondaient sur trois motifs.

En premier lieu, l'œuvre dont j'entreprenais d'écrire l'histoire ayant été essentiellement une œuvre de modération et de conciliation, il ne fallait pas, disaient-ils, que, soit par le fond, soit par la forme, le récit des faits fût en contradiction, même apparente, avec le but vers lequel elle tendait.

A ce point de vue, l'opportunité immédiate leur paraissait contestable. En effet, encore tout enivrés de leur triomphe, nos adversaires seraient par cela seul, et pour un certain temps, inaccessibles aux enseignements de la raison, et l'on ne pouvait espérer, dans cette disposition des esprits, ni les ébranler, ni les convaincre. Le miroir même le plus fidèle de leurs faits et gestes, les déductions les plus impartiales des conséquences qui en découlent, ne pouvaient que les exaspérer sans les éclairer.

Il était donc préférable d'attendre que le temps eût calmé l'émotion du combat, sinon en ce qui regarde les meneurs, au moins pour les simples adhérents, qui sont toujours le grand nombre.

En second lieu, ajoutaient mes amis, l'historien ayant été lui-même activement engagé dans l'affaire, il est bien difficile qu'il n'ait pas manqué parfois de justice et d'impartialité, sinon dans le narré des faits, au moins dans leur appréciation. Le temps serait aussi pour lui un bénéfice sérieux. En lui permettant de revoir son ouvrage à distance, d'en écarter les détails inutiles ou trop agressifs, et d'en accuser davantage les points saillants, l'autorité de sa parole en serait grandement accrue, et il pourrait espérer gagner à ses conclusions un plus grand nombre de suffrages.

En troisième lieu, enfin, mes amis, répondant à une objection que je leur faisais, prétendaient que si, par ce retard, l'ouvrage perdait quelque intérêt au point de vue de l'actualité, il trouverait, étant posé sur de plus larges bases, une ample compensation, en intéressant le pays tout entier. En effet, disaient-ils, la remarquable tentative faite en Touraine, en 1871, pour discipliner les modérés de toute nuance, et tirer d'une loi mal faite le meilleur parti possible, piquera toujours suffisamment la curiosité dans la contrée où elle a eu lieu; mais elle doit avoir une tout autre portée : c'est un exemple à proposer à la France entière, car partout les conservateurs ont besoin d'être stimulés pour marcher au scrutin avec cet ensemble qui distingue leurs adversaires.

Je cédai à ces observations bienveillantes, non sans quelque peine, je l'avoue, mais avec l'espérance de perfectionner mon travail et de le rendre plus utile à mon pays.

Depuis lors, trois années se sont écoulées, et la nécessité de divulguer et propager l'essai de 1871 me paraît plus évidente que jamais. Si, reconnaissant enfin les périls de l'abstention, les conservateurs se décident à se montrer pour agir, ils trouveront dans l'exposé que j'entreprends de faire un élément d'organisation, non pas occulte comme celle de leurs adversaires, mais devant fonctionner au grand jour, et capable, j'en suis convaincu, de leur assurer la direction des affaires qu'ils sont sur le point de perdre par leur faute.

Après cet exposé des raisons qui motivent la publication tardive de mon ouvrage, il ne me reste qu'à donner quelques explications sur la manière dont je l'ai compris.

Élu par mes concitoyens secrétaire des trois comités qui se sont succédé pour rechercher l'homme le plus digne de les représenter, j'étais par cela même mieux placé que personne pour garder le souvenir des efforts tentés dans ce but, et je dois dire qu'en ne le faisant pas, j'aurais cru manquer à la reconnaissance que m'inspirait l'honneur que l'on m'avait fait.

Cette pensée, instinctive d'abord, et qui ne s'est formulée nettement dans mon esprit que postérieurement, m'avait engagé, dès le commencement, à prendre des notes, à garder copie des procès-verbaux, et à réunir un dossier de toutes les pièces authentiques des diverses phases de nos opérations.

Les procès-verbaux des séances des divers comités, les professions de foi des concurrents, quelques articles de journaux, forment, à proprement parler, le corps du récit[1]. Je n'ai fait qu'y ajouter les transitions nécessaires pour lier entre eux ces divers documents, montrer leur enchaînement et faire ressortir par des considérations qui me sont personnelles, le sens qui me paraissait devoir être attribué à chacun d'eux.

J'ai fait plus. Arrivé à la fin de mon histoire, j'ai voulu en tirer les conclusions pratiques ; mais je me suis aperçu, au cours de cette dernière partie, que je ne pouvais porter un jugement quelque peu solide, sans approfondir, par l'étude et la réflexion, l'un des facteurs responsables des événements que je venais de raconter. Je veux parler de la loi électorale, que mes conclusions tendent à incriminer plus que les errements, même condamnables, de quelques-uns de mes concitoyens.

[1] Pour ne pas trop en entraver la suite, j'ai réuni à part, sous la rubrique de pièces justificatives, quelques documents qui ont trait moins directement à mon sujet, mais qui cependant servent à compléter l'exposé des faits des deux élections de 1871 en Touraine.

J'ai donc suspendu la fin de mon travail pour me livrer à l'étude de la loi électorale imposée d'office à la France par le gouvernement du 4 septembre. J'en ai interrogé l'origine, disséqué les divers éléments, au point de vue du droit et du sens commun, cherché l'esprit sous la lettre, et reconnu finalement les désastreuses conséquences.

Cette étude m'a conduit à des conclusions inattendues, qui ont éclairé d'une vive lumière le jugement que j'avais à porter sur les hommes et sur les choses. J'ai senti dès lors que cette étude devenait partie essentielle de l'ensemble de mon travail, et qu'elle devait précéder l'exposé des faits, qu'elle permet de mieux comprendre, ainsi que les conclusions à en tirer, les uns et les autres n'en étant, à proprement parler, que la conséquence naturelle.

Je viens d'avouer que j'étais arrivé, à la suite de mon étude de la loi électorale, à des conclusions inattendues, contraires même aux idées instinctives, tranchons le mot, aux préjugés que j'apportais en commençant mon travail. Evidemment le lecteur n'échappera point à ces tendances. Il sera tenté de repousser, comme entachées de singularité, certaines propositions qui ne sont traitées, ni dans la presse quotidienne, ni dans les comptes rendus parlementaires. Pour lui éviter cet écueil, je dois me préoccuper ici de le mettre en garde contre un sentiment préconçu, qui lui ferait rejeter sans examen toute vérité prétendue nouvelle.

Ce qui est nouveau, original même si l'on veut, ce sont moins ces propositions en elles-mêmes, que la méthode à l'aide de laquelle je les ai tirées de leur gangue, avant de les polir et de les mettre en lumière.

Pour arriver à la connaissance de la vérité dans les choses d'ordre temporel, deux méthodes sont en présence : l'une, véritablement scientifique et basée sur l'observation impartiale des faits ; l'autre, au contraire, partant d'une idée préconçue, s'efforce de faire entrer le monde entier dans le cercle étroit de ses conceptions et de ses préférences. La première, inaugurée dès le XIIIe siècle, par le moine anglais Bacon, et développée, au XVIe, par son illustre homonyme, se fonde sur l'étude attentive, préalable, des phénomènes, sans se préoccuper des conclusions auxquelles cette étude la conduira. On peut dire justement de cette méthode qu'elle n'a pas la sotte prétention de faire des lois, mais simplement de les découvrir, ce qui n'est pas déjà un petit mérite. L'immense développement des sciences physiques à notre époque est incontestablement son ouvrage ; mais beaucoup d'autres branches des connaissances humaines sont restées, jusqu'à nos jours, en dehors de son action, notamment les sciences morales et politiques.

Plusieurs économistes de ce siècle ont produit, il est vrai, d'excellents ouvrages basés sur cette méthode ; mais la plupart des hommes d'État et presque tous les législateurs, aussi bien les monarchistes que les républicains, se montrent fort dédaigneux des leçons de l'expérience acquise par l'observation des faits, et se préoccupant presque exclusivement du résultat, objet de leur rêve ou de leur ambition, ne craignent pas pour l'atteindre de se mettre en contradiction avec la nature des choses.

Si l'on m'objectait que la politique échappe par son essence même aux déductions logiques de la méthode expérimentale, les ouvrages, aujourd'hui dans toutes les mains, d'un de nos illustres contemporains, M. Le Play, donneraient un démenti formel à cette assertion téméraire. Pour moi, le plus humble de ses disciples, je dois avouer que, sans son exemple et les leçons puisées dans les œuvres du maître, j'aurais sans doute vu se dérouler sous mes yeux les faits si caractérisés de l'élection du 2 juillet, sans en tirer les conclusions qui paraîtront étranges à plus d'un lecteur.

Le spectacle affligeant d'une part, et très-consolant de l'autre, auquel j'ai assisté, en qualité de secrétaire, m'avait vivement ému. J'avais cru entrevoir dans les loyaux efforts des conservateurs, une solution aux immenses difficultés de notre situation présente, et, remontant des effets aux causes, j'ai cherché le remède aux incessantes variations qui nous épuisent, en ramenant les termes du problème dans les voies du simple bon sens et de la pratique journalière.

Mais, comme dans les expériences physiques, où l'opérateur doit se défendre des influences étrangères sous peine de manquer son but, il est nécessaire, plus en matière politique qu'en toute autre, de se dégager de tout esprit de parti t de se désintéresser des conséquences finales par un acte de foi à l'action providentielle, si bien exprimée par cette sentence profondément vraie : *L'homme s'agite, et Dieu le mène.*

Là est la difficulté. Là est l'écueil contre lequel sont venues se briser tant de constitutions successives, promulguées pour des siècles.

Se tenir en dehors des coteries, s'abstraire des courants d'opinion qui règnent aussi bien dans les salons que dans les cabarets ; ne s'intéresser qu'aux résultats généraux, en dehors de toute ambition personnelle ; s'attacher au fond des choses et faire bon marché de la forme, c'est là un genre d'indépendance qui se rencontre rarement, et en moindre nombre chez des députés choisis à l'aide d'un mécanisme électoral faux, qui entrave nécessairement leur liberté d'action.

Mais, derrière le mandataire, il y a le mandant ; derrière l'élu temporaire, les électeurs qui tiendront bientôt dans leurs bulletins le sort de leur pays, de leurs familles et de leurs intérêts les plus chers.

C'est à ceux-ci que j'adresse cet écrit, mais pas à tous ; car, il serait puéril de me le dissimuler, j'aurai de nombreux contradicteurs, les uns violents et de parti pris, dont je subirai, sans m'en inquiéter beaucoup, le mépris et pis encore, bien que je n'attaque que leurs doctrines, en respectant leurs personnes ; les autres bienveillants, et cherchant de bonne foi la vérité, mais la voyant à leur point de vue, et ayant de la peine à accepter le mien.

C'est à ces derniers cependant, à quelque système politique qu'ils donnent leurs préférences (sans toutefois l'ériger en dogme), que je dois mettre en main le fil conducteur qui m'a guidé dans le labyrinthe où l'étude de la philosophie du droit m'a entraîné presque malgré moi. Sans ces prémisses, que j'ai tout intérêt à leur exposer, ils pourraient, de la meilleure foi du monde, infirmer mes conclusions et me traiter d'idéologue. J'espère, au contraire, que s'ils veulent bien se donner la peine d'examiner la solidité de mes principes, ils en saisiront facilement les déductions et me prêteront au besoin leur concours, en me signalant les erreurs que je pourrais avoir commises, et m'aidant à combler les lacunes qui ne peuvent manquer de se rencontrer dans un travail de cette nature.

En abordant une matière aussi ardue, je ne

me suis pas dissimulé mon insuffisance, et j'appelle de grand cœur les conseils éclairés de tous ceux qui, en divergence avec moi peut-être quant aux moyens, me sont unis dans la poursuite du même but : l'horreur des révolutions, le relèvement et la prospérité de notre bien-aimée patrie !

Parpacé, ce 25 mars 1875.

DU
SUFFRAGE UNIVERSEL DIRECT
AVEC
SCRUTIN DE LISTE

Origine. — Le suffrage universel direct avec scrutin de liste est la base légale de nos élections actuelles, depuis l'avénement en France de la troisième République, datant du 4 septembre 1870. Cette loi fut simplement renouvelée de celle du 5 mars 1848, décrétée et mise en œuvre par le gouvernement provisoire d'alors avec cette légèreté toute française, qui depuis plus d'un siècle préside à nos destinées. Cette dernière, du reste, était presque calquée sur la Constitution de 1793, bâclée en huit jours par la Convention, mais qui ne fut jamais promulguée.

Ainsi les révolutionnaires du 4 septembre 1870 n'ont trouvé d'autres ressources dans leur imaginative que de ressusciter telle quelle, après soixante ans écoulés, une esquisse à peine ébauchée pendant la période la plus désastreuse de notre histoire. Comment s'étonner que par suite de cette pauvreté d'invention elle porte les caractères de l'irréflexion et du trouble d'esprit de législateurs improvisés ! Cependant un fait considérable venait de se produire sous leurs yeux ; et dans l'intérêt de la durée de l'établissement dont ils jetaient les fondements, ce fait seul devait leur inspirer quelque doute et les mettre en garde contre le fétichisme de leur admiration rétrospective pour les inventions démagogiques.

Le second Empire, après le coup de main du 2 décembre 1852, avait aussi adopté pour base de sa constitution le suffrage universel direct, et ce mécanisme, habilement exploité au moyen de circonscriptions électorales, savamment combinées en vue des pressions administratives, avait sanctionné pendant vingt ans tous les caprices du pouvoir personnel, et, au milieu d'une prospérité matérielle inouïe, avait laissé la France s'abîmer dans un abaissement moral équivalent.

En ce moment (novembre 1871) où un peu de calme renaît après l'affreuse tempête que nous venons de traverser, aujourd'hui qu'il s'agit de construire au milieu des ruines qui nous entourent un abri pour la société, il appartient aux penseurs, aux esprits réfléchis et vraiment patriotes de sonder le terrain pour poser de nouveaux fondements, trier avant de les mettre en œuvre les matériaux que nous avons sous la main, et les peser, non à la balance exclusive de l'admiration ou de la répulsion aveugle des partis, mais à celle de la raison, de la morale et de la sincérité.

Ce travail a donc pour but : 1° d'examiner consciencieusement la valeur du suffrage universel direct avec scrutin de liste : ce sera la partie théorique de l'ouvrage ; 2° d'exposer par quels moyens légaux, patents et honnêtes, les conservateurs d'Indre-et-Loire, lors de l'élection du 2 juillet 1871, ont cherché à compléter et rendre praticable une loi mal faite dont nos adversaires ne se font pas faute d'éluder clandestinement les dispositions : ce sera l'exemple après la règle.

Après la courte généalogie que nous venons de faire de l'avénement dans notre pays du suffrage universel direct avec scrutin de liste, il serait nécessaire pour approfondir la question dans sa généralité de se demander :

1° Pourquoi l'homme, ne pouvant, en bien des cas, agir par lui-même, est obligé de se choisir un mandataire pour veiller à ses divers intérêts ;

2° Quelles sont les conditions généralement exigées par la coutume des peuples civilisés pour faire ce choix, et quelles garanties on peut demander contre les abus et les malversations possibles du mandataire.

3° Pourquoi, dans l'antiquité païenne, l'action publique, par intermédiaire, a-t-elle été partielle, temporaire, et restreinte à quelques peuples de l'Occident, tandis que dans la société chrétienne, elle apparaît dès le XIIe siècle, d'abord dans les ordres privilégiés, puis dans ceux qui le deviennent de siècle en siècle, et tend enfin de nos jours à se généraliser partout, après s'être éclipsée momentanément chez les nations de race latine, depuis le XVIe siècle ?

4° Quelles raisons particulières rendent la représentation nécessaire en ce qui regarde la politique ?

5° Le droit de suffrage est-il réellement un droit ? Peut-il être restreint ? A quelles limites rationnelles ses restrictions doivent-elles être soumises ?

6° Enfin quelles sont les conditions essentielles pour que le suffrage politique soit sincère, offrant la représentation exacte des intérêts généraux et des opinions réelles des électeurs ?

De ces six questions les deux premières appartiennent à la philosophie du droit, dont la troisième est l'historique. N'ayant pas la prétention de faire ici un traité complet sur la matière, ni de sortir du cercle de l'actualité dans lequel je tiens à me renfermer en ce moment, je ne retiens que les trois dernières, que je vais étudier avec toute l'impartialité dont je suis capable.

Définition des mots. — Il me paraît convenable pour la clarté, la précision et la brièveté de ma démonstration, de commencer par définir quelques mots dont je vais avoir à faire usage fréquemment. C'est, à mon avis, le meilleur moyen de couper court aux digressions oiseuses, et d'aller droit au but en écartant les querelles de simples formules qui pourraient venir s'interposer inutilement entre la lumière de la vérité et l'esprit du lecteur.

Comme garantie d'impartialité, je prends dans le Dictionnaire de Boiste, 12e édition, 1847, la définition grammaticale des mots : *Vote*, *suffrage*, *acclamation*. Je lis, page 752 : *Vote*, vœu émis, suffrage donné ; — page 684 : *Suffrage*, déclaration de sa volonté, de son choix, dans une élection, une délibération ; vote, voix donnée en matière d'élection ; — *Acclamation*, page 7, cri de joie, d'applaudissements, d'admiration ; approbation à haute voix : nomination à l'unanimité *apparente* ou *réelle*...

Dans l'espèce, le suffrage est un acte politique, manifestant par un jugement déterminé qu'on appelle Vote (du latin *votum*, vœu) la volonté de celui qui l'exerce. Le vote ou suffrage peut avoir pour objectif une personne ou une chose, et doit être considéré sous ce double rapport.

Du suffrage en général. — Tout suffrage étant essentiellement une manifestation de la volonté suppose : 1° la liberté nécessaire à l'exercice de cette volonté ; 2° la connaissance de l'objet ou de la personne qui sollicite la détermination du votant. D'où ces deux conséquences qu'un suffrage qui n'est pas librement exercé n'a aucune valeur, car il n'est pas réellement un acte de la volonté ; en second lieu, si la chose ou la personne sur laquelle le votant est appelé à se prononcer est absolument étrangère à sa connaissance, il agit alors sans discernement et sa volonté n'est plus déterminée par un jugement, mais par une passion ou un entraînement.

Ainsi, dans les deux cas, il y a moralement ou matériellement absence de liberté et par conséquent de volonté, et, à proprement parler, il n'y a plus d'élection, plus de vote, plus de suffrage.

Donc, lorsqu'il s'agit de choisir un mandataire, soit qu'il représente des intérêts particuliers ou des intérêts collectifs, pour que la volonté de l'électeur soit libre, et qu'il puisse mettre à profit la connaissance directe ou indirecte qu'il a de la personne à laquelle il veut confier son mandat, il faut que la réglementation qui intervient ne mette pas obstacle au libre exercice du suffrage.

Appliquons ce principe à la loi qui nous régit en ce moment.

Liberté du vote. — Les empêchements à la liberté du suffrage peuvent venir de diverses circonstances de *temps*, de *lieu*, de *compétence*, et aussi du fait d'une pression étrangère patente ou cachée.

J'écarte cette dernière cause, qui vicie trop évidemment le suffrage pour que tôt ou tard la conscience publique n'en fasse pas justice; il n'en est pas de même des conditions de temps, de lieu et de compétence.

Condition de temps. — 1° En ce qui regarde le temps. Une élection étant un acte collectif, réfléchi, demande un certain délai donné aux électeurs, pour se concerter et prendre leurs informations. C'est précisément ce caractère de jugement à prononcer après réflexion qui différencie le vote de l'acclamation.

Le premier doit surtout recevoir son impulsion de l'esprit, et doit être la conséquence d'une volonté qui a pu se rendre compte des raisons pour ou contre, avant de se déterminer. La seconde, au contraire, vient du cœur, et le plus souvent est le résultat de l'entraînement et de la passion. Lorsque celle-ci domine au point de jeter le trouble dans l'esprit, il n'y a plus de jugement, plus de volonté, plus de suffrage.

D'après la loi actuelle, un délai de vingt jours est exigé entre la promulgation du décret qui convoque les électeurs et le jour de l'élection. C'est trop et trop peu : trop, pour ceux qui ne craignent pas pour arriver à leurs fins d'user de pression audacieuse ou de manœuvres occultes; trop peu, pour les hommes qui ne veulent employer ni la calomnie ni la surprise, et marchent toujours à visage découvert et la loi sous les yeux.

En ce qui regarde le *quantum* du délai à fixer, j'en dirai mon avis en formulant mes conclusions.

Quoi qu'il en soit, le délai de vingt jours établi par la loi actuelle peut être accepté comme un minimum à peine suffisant dans un pays qui, après vingt-deux ans de pratique du suffrage universel, est loin d'avoir acquis les saines habitudes du régime constitutionnel. Nous verrons plus loin en racontant ce qui vient de se passer sous nos yeux que lorsque, considérant comme sérieux l'exercice du droit au suffrage dans sa double acception d'universel et de direct, les électeurs d'un département pris au dépourvu, veulent au préalable, organiser des comités électoraux régulièrement constitués, ils ont à peine le temps de se concerter et d'arriver au but le jour fixé.

Condition de lieu. — 2° Les circonstances du lieu affecté au vote n'influent pas moins sur la liberté du suffrage que celles du temps. Du moment où l'on fait appel à tous, il faut que l'urne électorale soit à portée de tous, de ceux qui peuvent se transporter en voiture, comme de ceux qui doivent aller à pied ; des hommes vigoureux, comme de ceux qui traînent la jambe ; des citoyens dispersés dans les campagnes, comme de ceux qui, dans les villes, n'ont qu'un pas à faire pour se rendre au lieu désigné pour voter.

Le nombre et la commode répartition des bureaux ouverts dans chaque localité est une question de bonne foi de la part de l'administration, et lorsque nous avons vu récemment un dictateur tombé des nues, abritant mensongèrement son usurpation sous le beau titre de défense nationale, décréter que le vote aurait lieu au canton, on a pu lui dire que, soucieux seulement d'imposer sa volonté, il n'était que le suppôt de la défiance nationale.

Condition de compétence. — 3° Enfin la question de compétence est du premier ordre dans la matière qui nous occupe; car l'exercice de la volonté suppose la possibilité de connaître la personne ou la chose sur laquelle on a à se prononcer. Pour les personnes, mais surtout pour les choses, on peut dire que la compétence se restreint en proportion de l'extension donnée au suffrage. Tout homme jouissant de la plénitude de ses facultés ne s'y trompe pas quand il s'agit de ses intérêts particuliers. Dans une affaire litigieuse, il ne prendra pas conseil du premier venu, il s'adressera à un jurisconsulte ; dans une question de construction, à un architecte; en ce qui regarde la conscience, quand il en a une, au prêtre de sa croyance. Tout le monde peut apprécier un point de fait; un très-petit nombre, un point de droit.

De là, la division rationnelle des questions soumises aux cours d'assises, en *faits* appréciables par un jury répondant oui ou non, et en *jugement* remis à la décision de la Cour pour l'application de la peine.

Je reviens au suffrage et à la question de compétence de ceux auxquels il est octroyé.

Du droit au suffrage.—A cette question de compétence se rattache celle du droit au suffrage, que nous allons d'abord examiner. Et d'abord le suffrage est-il un droit, et de quelle nature est ce droit? Cette question très-controversée a été, je crois, incomplétement étudiée par les publicistes de notre temps et me semble loin d'être résolue. Les uns affirment que c'est un droit naturel, imprescriptible, et conséquemment supérieur à toute réglementation. Ils en concluent que la loi qui en limite l'exercice est une usurpation. Les autres disent que c'est une simple fonction, et qu'à ce titre elle suppose dans celui qui en est chargé une certaine aptitude sans laquelle il ne peut en être investi. La loi peut donc en restreindre et même en annuler l'exercice.

Il y a du vrai et du faux dans ces deux opinions, et je pense que les uns et les autres ne se sont pas mis au point de vue précis d'où l'on peut embrasser toutes les faces du problème.

Il me paraît qu'en *général* ils ont envisagé l'homme individuel, en mettant en oubli l'homme social, et négligé par cela même la grave question de la multiplicité et la gradation des droits corrélatifs dont l'ensemble constitue à proprement parler le *Droit*.

Existe-t-il, en effet, des droits supérieurs et primordiaux, et des droits inférieurs et secondaires ?

Les premiers ne doivent-ils pas alors être la mesure et la limite des seconds ?

Quelques courtes réflexions peuvent, je crois, démontrer l'évidence de ces deux propositions.

Pour l'homme social, le droit de vivre en société est le premier des droits et le plus impérieux des besoins. On peut aller plus loin et dire qu'il est le générateur de tous les droits. Quand la société est menacée, non dans ses modifications, mais dans son essence même, tous les droits s'effacent devant le devoir de la défendre. A quoi servirait, en effet, la jouissance d'un droit même supérieur, si le milieu dans lequel il peut s'exercer vient à lui manquer ? L'air est nécessaire à la vie de la plante, comme l'eau au poisson et la société à l'homme.

A la suite de ce droit qui domine tous les droits et dont tous les autres dérivent, il en vient quelques-uns que j'appelle supérieurs ou primordiaux, parce que sans eux la société ne peut exister et se développer. L'autorité du père dans sa famille, la propriété, l'hérédité sont de ce nombre. Quel que soit le degré de civilisation d'une agglomération sociale, ces grands principes doivent être sauvegardés même par le sacrifice de tous les droits inférieurs; car, si la société venait à périr, la ruine des premiers entraînerait celle des autres.

Après ces grands principes, fondement de toute société, viennent, en s'échelonnant à des distances variables, les droits inférieurs [1] dont le germe préexiste à l'état latent dans l'individu, mais ne se développe que graduellement et au prorata du degré de civilisation du milieu social dans lequel il vit. De ce nombre est le droit au suffrage. J'accorde que ce soit un droit, imprescriptible même. si l'on veut, dans une certaine mesure, mais à la condition que l'on me concédera qu'il peut rester à l'état embryonnaire, jusqu'à son éclosion plus ou moins spontanée à la faveur de circonstances déterminées par sa nature même.

[1] Ainsi la liberté de la presse, parfaitement indifférente à ceux qui ne savent pas lire, le droit de réunion, la liberté de conscience, inutile dans les sociétés où tout le peuple a les mêmes croyances, etc.

Ainsi, pour continuer la comparaison précédente, tirée des lois physiques, la semence peut rester des années et des siècles à l'état latent, et n'apparaître au jour, après un long sommeil, que par le concours simultané de la force végétale interne et d'un rayon de soleil qui lui a procuré le degré de chaleur nécessaire à sa fécondation.

De même, dans les sociétés humaines, tous les droits inférieurs peuvent indéfiniment rester en puissance dans l'individu, sans que la société périclite et que la justice soit méconnue.

De l'état sauvage à la civilisation la plus raffinée, des milliers d'hommes vivront et mourront, portant en eux d'une façon inconsciente les germes de ces droits dont ils n'auront jamais la jouissance, pas même l'idée, encore moins le désir.

Mais est-ce là une dérogation à la constitution même du droit, une exception dont un pouvoir arbitraire peut abuser? Nullement; il est commun à tous, quel que soit leur classement dans l'échelle des besoins sociaux.

L'autorité paternelle, la seule autorité de droit divin qui existe, reste comme les autres à l'état latent dans l'individu, et des milliers de célibataires meurent sans avoir jamais joui de la puissance paternelle. Le droit de propriété lui-même l'une des bases fondamentales de toute société, peut être suspendu par la tutelle, l'institution du conseil de famille, etc.

On peut donc affirmer, *a fortiori*, qu'un droit secondaire comme le droit au suffrage peut et doit être limité pour la sauvegarde des droits-principes et aussi par la compétence de l'individu.

Mais, me dira-t-on peut-être, vous ouvrez par là la porte à l'arbitraire : car qui sera établi juge de la compétence de l'individu ou d'une classe ?

De l'avénement des individus et des classes au droit de suffrage.—Quand la plante, pour continuer notre comparaison, perce la terre pour demander sa place au soleil, elle pousse des feuilles, des fleurs et des fruits, dont l'utilité est constatée par l'usage que l'homme peut en faire; mais à quels signes positifs pourra-t-on reconnaître les aspirations légitimes de l'individu ou de la classe, distinguer les prétentions bien fondées des fausses, établir avec certitude qu'ils ont passé de l'ignorance à la compétence, et qu'ils sont aptes à changer leur droit virtuel en un droit vivant et positif?

A cette question voici ma réponse :

Rappelons d'abord que tout enfantement ici-bas a pour compagne inséparable, et en même temps pour signe infaillible, la *douleur*, et n'oublions pas que cette douleur augmente d'intensité à mesure que l'on s'élève dans l'échelle des êtres organisés.

J'ai entendu la plainte de la graine s'entr'ouvrant pour donner passage au germe qui tend à s'épanouir au dehors, et j'ai encore dans l'oreille le cri déchirant de la femme qui va tout à l'heure embrasser avec une joie indicible son fils premier-né.

Des signes précurseurs de cet avénement. — Oui, tout avénement a ses signes précurseurs auxquels l'homme d'État attentif ne se trompe pas plus que le médecin. Il est vrai que celui-ci est intéressé au succès et qu'il n'en est pas de même dans la politique, bien que ces signes existent là comme ailleurs et que l'histoire du passé les ait enregistrés dans ses annales. Ce n'est point ici le lieu d'en dérouler les phases merveilleuses aux yeux du lecteur et de lui montrer comment chez les nations chrétiennes, et chez celles-là seulement, on peut constater, depuis leur formation au XIe siècle, un mouvement continu du fond à la surface, de celui dont parle la sainte Écriture, *qui élève les humbles et renverse les superbes ;* qui ouvre la voie à des individualités puissantes et même à des classes entières [1], parce qu'elles avaient souffert et supporté avec vaillance la résistance qui s'opposait à leur ascension.

De la résistance et de la douleur. — Car il faut une

[1] Les légistes au XIIIe siècle, la bourgeoisie marchande au XVe siècle, etc.

résistance, et la lutte plus ou moins sanglante qui en résulte est avec la douleur l'un des caractères qui révèle l'approche de l'avénement d'un droit latent pour les individus et pour les corporations. L'obstacle est ici le seul *criterium* du mérite, de la *valeur*, comme le définit admirablement ce mot de notre langue française. Mais cet obstacle doit, à l'état normal[1], être tout à la fois énergique et flexible, en un mot, de la nature du crible, qui laisse passer le bon grain et retient l'ivraie.

En France, pendant tout le moyen âge, jusque vers la fin du xve siècle, il y eut des douleurs terribles et des résistances vigoureuses, mais elles ne dépassèrent pas les limites régulières. Les crises qui préludent aux enfantements se succèdent à intervalles plus ou moins longs sans ébranler la société tout entière. Symptôme évident que la résistance était proportionnelle à l'effort, et ne lui opposait pas d'invincibles obstacles. C'est là, pour le dire en passant, le caractère absolu de la vraie liberté.

Tout changea à partir du xvie siècle, époque où

[1] L'état anormal, en cette matière, me paraît être caractérisé d'un mot, c'est celui où le pouvoir quel qu'il soit, monarchique ou républicain, incline à l'absolutisme. Le despotisme, d'où qu'il vienne, est, avec la guerre de conquête, l'entrave la plus puissante pour enrayer le progrès de la civilisation et la marche régulière des lois providentielles.

l'idée païenne entra en lutte avec l'esprit de l'Évangile. Depuis ce moment, ou, pour préciser davantage, depuis le milieu du XVIIe siècle, la nature de l'effort comme celle de l'obstacle, la poussée et la résistance, furent profondément modifiées. L'absolutisme ignoré des anciens jours, se modelant sur le césarisme païen dans sa forme la plus idolâtrique, fit la résistance insurmontable, et, comme conséquence fatale, la crise des enfantements devint *révolution*.

Après cette digression, que je ne crois pas inutile au développement de ma thèse, je reprends l'examen des signes précurseurs par lesquels on peut reconnaître la légitimité des aspirations qui portent en haut les individus et les collectivités sociales.

Nous en avons déjà reconnu un, la douleur, et nous avons dit comment elle était corrélative de l'effort pour vaincre la résistance, cette dernière jouant dans l'action un rôle prépondérant que nous avons remarqué. Nous en admettrons un second, la *vertu*, dans sa double acception de courage persévérant et d'amour du bien.

De la vertu. — Il est reconnu universellement, et on ne peut le nier, que tout droit est corrélatif d'un devoir. On peut même dire que le premier n'a sa raison d'être que pour l'accomplissement du second. A quoi servirait, en effet, la patience dans la douleur, ainsi que le courage pour vaincre la résistance, si l'on n'y joint la volonté de faire ce qui est juste et bon, de prêter son concours à l'œuvre commune, et de rendre à la société les bénéfices qu'on en reçoit ?

De la science. — A ces deux symptômes, signes essentiels de la légitimité des aspirations pour franchir un degré supérieur, j'en ajouterai un troisième et dernier : *la science;* mais, j'ai hâte de le dire, la science prise dans son acception la plus large, non pas seulement celle qui s'acquiert dans les livres, mais surtout celle qui est le fruit de la réflexion et de l'expérience, trésors amassés pièce à pièce, qu'un bachelier de vingt ans peut ne pas avoir, mais qu'un simple paysan, père de famille, vivant incessamment en contact avec la nature dont il reçoit les enseignements, gardien fidèle et même obstiné des traditions de ses pères, peut posséder à un haut degré, sans savoir ni lire ni écrire.

En résumé, nous venons de voir que la compétence, qui n'est autre que l'aptitude à l'exercice du droit électoral, s'acquiert et ne se présume pas; que ce droit lui-même est d'ordre secondaire, dont la société et ses représentants peuvent dans un intérêt supérieur modifier les conditions; qu'enfin il est logique et conforme à la loi naturelle comme à la justice que l'exercice de ce droit soit soumis à une épreuve qui constate dans le candidat : 1° l'esprit de sacrifice par la patience dans la douleur, le travail et la peine ; 2° un désir ardent, capable d'un effort persévérant pour vaincre la résistance que les gardiens de la dignité nationale ont le droit et le devoir de lui imposer ; 3° enfin la vertu et la science dans une mesure nécessaire à prouver qu'il connaît les devoirs moraux qui lui incombent et qu'il a la volonté de les accomplir.

Si ces prémisses sont fondées en vérité et en raison, j'aurais dès maintenant à demander aux fauteurs de la loi électorale de 1848 un compte sévère des motifs tout personnels qui les ont poussés à ouvrir la porte à deux battants, et, au risque d'ébranler la société jusque dans ses fondements, à faire succéder brusquement le suffrage universel au suffrage restreint des censitaires à 200 francs.

Ils ont failli tuer leur mère, et ils se disent patriotes !

Mais j'aurai bientôt à revenir sur ces tristes symptômes de la perversité de quelques-uns.

Je préfère en ce moment ne pas interrompre le cours de mon étude sur la loi du suffrage universel direct avec scrutin de liste.

De l'universalité de suffrage. — Après avoir traité la question du suffrage considéré en lui-même et dans ses origines, au point de vue du droit, j'ai maintenant à examiner son *universalité* dans ses caractères et ses effets.

Tout en faisant mes réserves sur la manière violente et oppressive avec laquelle les hommes du gouvernement provisoire de 1848 ont apporté une modification radicale aux lois antérieures; tout en protestant énergiquement contre la coupable témérité qui leur a fait faire une révolution sans réforme, lorsque le pays demandait une réforme sans révolution; tout en proclamant que leur décret n'a été porté qu'en violant audacieusement toutes les règles de la prudence, de la science politique et du droit, je conviendrai que l'universalité du vote était encore la moins dangereuse des utopies qu'ils ont cherché à réaliser.

Si l'on écarte les incidents particuliers soulevés par l'ambition et l'esprit de révolte de quelques-uns, on reconnaîtra, en effet, que l'essence même de la question qui se débat chez nous depuis un siècle est de savoir quelle part d'influence peut être réservée dans les affaires publiques aux citoyens d'une société civilisée pour empêcher ou du moins limiter les abus du pouvoir central. On a cru en trouver le moyen et la mesure dans le système représentatif, qui fonctionne en ce moment chez presque toutes les nations européennes; mais chez le plus grand nombre, le suffrage restreint et le cens plus ou moins élevé sont la base de l'élection. Cette base, en effet, est excellente; elle est claire comme un chiffre, facilement applicable et offre une garantie suffisante de la compétence de l'électeur. De plus son abaissement graduel est le meilleur moyen de marcher peu à peu et sans secousse vers l'universalité, qui est, j'en conviens volontiers, l'idéal du progrès dans la civilisation chrétienne.

La France, qui, par sa position géographique et son esprit prime-sautier, est la grande vulgarisatrice du monde, donna l'impulsion il y a quatre-vingts ans. Mais les théoriciens du dernier siècle, Montesquieu en tête, n'ont malheureusement cherché qu'à l'extérieur des traditions et des modèles. Les Grecs et les Romains, et nos voisins les Anglais, leur fournirent les uns et les autres. Aussi leur théorie est plutôt abstraite que positive. Si la tyrannie de la mode, toute-puissante sur les Français, ne leur avait pas fait dédaigner le moyen âge, ils y auraient rencontré des éléments incohérents, je l'avoue, mais essentiellement pratiques et surtout mieux adaptés à nos mœurs et à notre constitution.

Le grand mouvement de 1789, véritablement sérieux et patriotique dans son impulsion première, s'est trouvé vicié dans son application par un faux idéal d'imitation rétrospective. Comme une machine à vapeur sans volant, la force initiale mal dirigée a tout emporté, et, depuis cette époque, notre nation, n'ayant pas rencontré le rouage modérateur qui peut régulariser son activité, ne marche plus que par soubresauts, et devient la fable de l'étranger. Ce n'est pas le lieu d'approfondir les causes multiples de cette situation aussi étrange qu'anormale ; mais on peut mettre au premier rang la témérité et l'ignorance, pour ne rien dire de plus, des législateurs de 1793 et de leurs imitateurs.

Si la science politique était une science abstraite dont on dût suivre sans broncher les déductions comme dans un problème de mathématiques, nul doute qu'il ne faudrait retourner en arrière, et, pour réformer les vices originels de notre loi électorale, reprendre le cours des choses au point où la révolution de 1848 le trouva, et rétablir le cens électoral. Mais, quoi qu'en pensent certains hommes de parti, la politique est avant tout pratique, ou elle n'est pas. Son but n'est pas la poursuite d'un idéal, quelque séduisant, je dirai même quelque logique qu'il paraisse, mais bien de savoir tirer d'une situation difficile et fausse le meilleur parti possible. Retourner en arrière avec une nation aussi impressionnable que la nôtre, après un quart de siècle de jouissance d'un droit reconnu par l'usage, me paraît impossible. Le remède pourrait être pire que le mal, et puis à quel point précis se rattacher? Quelle quotité fixer, quelles limites poser qui ne paraissent arbitraires? Mon humble avis est qu'il y a nécessité d'accepter le fait accompli, tout en cherchant à compléter, à régulariser les uns par les autres les rouages qui doivent composer notre mécanisme constitutionnel.

Ainsi : 1° la consécration de toutes les forces sociales, réelles et spontanées de la nation dans une chambre haute est le complément nécessaire de l'universalité du suffrage pour la chambre des Communes; 2° la limitation rationnelle du droit de suffrage sans sortir des principes que révèle l'observation impartiale de la nature même des choses.

Je néglige le premier de ces moyens, qui demande, vu son importance, une étude à part, et des principes constitutifs du second je n'en retiens que deux qui renferment tous les autres.

De la délimitation du droit de suffrage. — 1° La limitation de l'exercice du droit de suffrage, à ceux qui paient un impôt direct, quelque minime qu'il soit; 2° la limitation par la compétence de l'électeur, qui diminue en raison directe de l'universalité du suffrage.

Je m'arrêterai peu sur le premier point. La thèse que j'ai déduite précédemment sur la question du droit et sa classification logique parmi les autres droits de l'homme social, me dispense d'insister longuement sur cette partie de mon argumentation.

Droit du contribuable. — Je me bornerai à dire qu'en tenant compte des réserves faites antérieurement, on peut reconnaître que tout citoyen payant l'impôt direct, et intéressé par cela seul à la bonne administration des deniers publics, a droit, en principe, à une parcelle d'action dans les questions que le sens le plus commun suffit à résoudre.

Droit par l'impôt du sang. — J'irai plus loin en m'appuyant sur les traditions séculaires de notre histoire nationale, je dirai que l'impôt du sang doit être placé en première ligne parmi ceux qui doivent donner accès au suffrage politique. Avant la constitution des armées permanentes, le gentilhomme à qui revenait l'honneur et la charge de porter les armes pour son pays, et de faire la guerre à ses dépens, jouissait des droits politiques, tels que les comprenait une société militairement hiérarchisée.

Il avait, entre autres, le droit de suffrage pour être représenté aux états généraux, dans lesquels le bourgeois n'entrait au second rang qu'en sa qualité de contribuable. Cette distinction et cette répartition du droit de suffrage était logique alors et n'a pas cessé de l'être aujourd'hui.

Du moment surtout où, par la force des choses, les armées, autrefois composées de mercenaires ou d'hommes engagés *volontairement*, quand ils avaient perdu le libre exercice de leur volonté, sont devenues la nation tout entière appelée à défendre ses foyers, il n'y a plus de raison pour admettre les uns et repousser les autres, et il faut proclamer hardiment le vieux droit français corrélatif de l'impôt du sang, que je proposerais de formuler ainsi : Tout militaire âgé de vingt-sept ans[1] ayant été libéré du service sans avoir subi les peines disciplinaires entraînant la dégradation, est électeur.

Comme corollaire de cette disposition, et pour maintenir la primauté sur les autres sortes de redevances, j'ajouterai qu'il serait illogique que l'électeur dont le droit au suffrage serait établi sur la contribution pécuniaire, fût admis au scrutin avant l'âge fixé pour les soldats libérés.

On conviendra que le suffrage ainsi étayé sur ces deux bases larges et rationnelles serait aussi universel que possible; mais il faut reconnaître aussi qu'il serait facile d'abuser de cette concession de principes et d'en pousser les conséquences à l'absurde, si l'on ne tenait pas compte des nom-

[1] La nouvelle loi ayant abaissé le temps du service à vingt-cinq ans, l'article devrait être modifié dans ce sens. (*Note de* 1875.)

breuses restrictions qui limitent l'exercice du droit de vote par la compétence même de l'électeur.

Restrictions par la compétence de l'électeur. — C'est ce que je vais démontrer en développant ma seconde proposition : Que la compétence de l'électeur diminue en raison directe de l'universalité du suffrage; ou, en d'autres termes, que plus on donne d'extension au droit de vote, plus il faut restreindre les matières sur lesquelles l'électeur est appelé à se prononcer, et plus on doit fractionner les colléges pour rapprocher l'électeur de l'élu.

On comprend, en effet, que lorsque le droit de suffrage descend jusqu'au simple manœuvre sans lettres, sans traditions, sans loisirs suffisants pour acquérir par l'étude et la réflexion ce qui lui manque du côté de l'éducation, on ne peut lui demander d'exercer pertinemment sa volonté sur des choses nécessairement au-dessus de sa portée.

Compétence en ce qui regarde les choses. — M. de Laveleye a dit fort justement dans son Essai sur les formes de gouvernement dans les sociétés modernes : La loi ne doit pas être l'expression de la volonté du peuple par la raison très-simple que le peuple, n'entendant absolument rien aux questions débattues, ne peut avoir de volonté à ce sujet.

L'homme est esprit et corps, et la société faite

à son image a, comme lui, des besoins physiques et des besoins intellectuels. *L'homme*, nous dit l'Evangile, *ne vit pas seulement de pain*, ni la société non plus, et ce qui fait les nations prospères, est l'heureux équilibre établi entre leurs nécessités morales et matérielles. Quand cet équilibre est rompu, il y a souffrance, et les guerres, les révolutions, les décadences qui sont les symptômes des maladies du corps social, révèlent une désorganisation interne dont il faut chercher la cause dans l'antagonisme constant de l'esprit et de la chair.

D'autre part, la société qui doit pourvoir à tous les besoins de ses membres, de quelque nature que soient ces besoins, subit un classement irréductible, dont la base est la division du travail, suivant qu'il s'agit de donner satisfaction aux appétits matériels ou aux aspirations intellectuelles. Or, par un fait constant, universel, ayant tous les caractères d'une loi providentielle, pendant que le travail destiné à pourvoir aux nécessités matérielles convient à tous, celui qui doit donner satisfaction aux besoins de l'esprit est le partage d'un petit nombre.

C'est précisément sur cette base qu'est fondée la théorie rationnelle de la hiérarchie sociale, dont je n'ai point à m'occuper en ce moment; mais, poursuivant la démonstration de ma proposition, je m'empare de ce fait évident, l'inaptitude du grand nombre dans les travaux purement intellectuels, pour limiter la compétence du suffrage, par la nature même des objets soumis à son appréciation.

Dieu, les lettres, les sciences et les arts échappent par leur côté exclusivement spirituel à l'opinion des multitudes, auxquelles ils ne deviennent accessibles que par leur côté pratique : la religion, par le culte extérieur ; les lettres, par le langage vulgaire ; les sciences et les arts, par les industries multiples auxquelles ils donnent naissance. Mais, d'un autre côté, et par une opposition intéressante à remarquer, tandis que les choses de l'ordre intellectuel, se matérialisant en quelque sorte par la pratique, deviennent partiellement accessibles au vulgaire ; dans les professions manuelles, même de pur métier, la pratique acquise par une longue expérience élève au-dessus de la foule celui qui l'exerce, le distingue de ses semblables, et par là limite à son tour la compétence universelle. Ainsi, par en haut comme par en bas, soit que les privilégiés de la science s'abaissent jusqu'à vulgariser leurs connaissances, soit que les hommes de métier s'élèvent au-dessus de la moyenne par un savoir personnel, les uns et les autres échappent au jugement des masses, auxquelles ils s'imposent par la puissance du *fait*, sans que le raisonnement, ni par conséquent le jugement, ni le suffrage qui en est l'expression, y puissent avoir aucune part. Dans ce cas, l'aveu de supériorité que l'homme rend à son semblable dont les productions lui ont montré la prééminence, est un acte de foi personnel et n'implique nullement la connaissance intrinsèque de l'objet, art, science ou métier, qui lui donne l'occasion de s'affirmer. Comme en toute vérité positive, la pratique vient ici confirmer la théorie.

Si j'ai une maison à bâtir, un objet d'art à faire confectionner, un procès à suivre, une maladie à guérir, le choix de l'ouvrier ou du savant à employer se fera sur sa renommée, sans que j'aie la prétention de juger les moyens mis en œuvre pour me satisfaire.

Donc, si dans les choses communes accessibles à l'intelligence de tous, le choix ou l'élection ne peut se déterminer que par le témoignage portant sur des faits palpables, à l'exclusion de la connaissance intrinsèque des choses, que sera-ce dans les questions qui touchent aux spéculations de l'esprit?

Or la politique, en tant qu'appelée à donner satisfaction aux intérêts généraux, est une science et une science ardue, à la portée d'un très-petit nombre, et il serait absurde de vouloir en faire résoudre les difficultés directement par l'universalité des citoyens d'un grand pays comme la France.

Caractère du plébiscite. — Donc, le plébiscite, quel qu'il soit, n'est pas à proprement parler un *vote;* car il ne sera jamais le produit d'un jugement réfléchi, mais seulement l'expression d'une passion ou d'un préjugé, c'est-à-dire précisément le contraire d'un jugement. Il sera, si l'on veut, un fait considérable dont le temps peut consacrer les conséquences, mais aussi dont il peut détruire les effets par un retour capricieux de la volonté de ceux qui l'ont produit. Il ne peut à lui seul constituer le droit, mais il peut en être l'occasion initiale. Que l'on propose demain au scrutin direct du peuple français le choix entre la monarchie et la république, le vote qui en résultera sera un fait brutal n'ayant rien de commun avec un jugement prononcé en connaissance de cause. Sur mille électeurs, combien sont capables de se rendre compte des différences essentielles qui séparent ces deux formes politiques? Et s'il s'agissait d'entrer dans le détail, de saisir les nuances, de préciser les limites, en un mot de motiver une préférence, non sur des sympathies ou des antipathies instinctives ou intéressées, mais sur des raisons palpables, trouverait-on dix électeurs sur cent mille dont on pourrait dire que le vote est le résultat de l'étude et de la réflexion? La compétence universelle, on ne saurait trop le répéter, ne peut aller au delà d'un fait ou d'un chiffre. Tout au plus, lorsque les choses sont figurées par un objet matériel, comme le drapeau, pourrait-on l'interroger avec l'espérance d'une réponse qui serait la véritable expression des préférences de la majorité.

Je puis donc conclure qu'en dehors des questions d'intérêt matériel les plus étroites, et dans les agglomérations les plus restreintes, comme les communes de deux à trois cents électeurs, le suffrage universel direct ne produira qu'une adhésion inconsciente que l'on peut appeler *acclamation*, mais qui n'a aucun rapport avec un *vote.* D'où la conséquence que ce système est radicalement impuissant à émettre une décision rationnelle sur la proposition même la plus simple en ce qui regarde les choses, et, comme corollaire, que le *mandat impératif*, cette nouvelle invention de la démagogie, est le comble de l'absurdité.

Compétence en ce qui regarde les personnes. — Nous allons maintenant examiner quelle est sa compétence en ce qui regarde le choix des personnes. A proprement parler, nous passons ici de la question d'universalité à celle du suffrage direct. Ces deux questions ont ensemble une grande connexité, et, en rappelant les principes démontrés pour la première, il sera facile d'en tirer des conclusions applicables à la seconde.

Du suffrage direct. — Or nous avons prouvé que, sous peine de dégénérer en *acclamation*, le suffrage devait être l'expression d'une volonté libre de se prononcer en connaissance de cause sur une personne ou sur une chose. C'est cette connaissance essentielle que nous avons désignée sous la dénomination de compétence. Nous avons dénié d'une façon presque absolue cette compétence au suffrage universel, en ce qui regarde les choses; nous l'admettons, au contraire, en ce qui a trait au choix des personnes, mais à la condition qu'il sera d'autant moins direct qu'il est plus universel.

Nous allons voir ici, comme bientôt dans le scrutin de liste, les législateurs révolutionnaires de 1848, laissant passer démesurément le bout de l'oreille absolutiste, qu'ils dissimulent si habilement tant qu'ils sont dans l'opposition, quitte à se démasquer quand ils arrivent au pouvoir.

En lâchant sur la France, avec une témérité coupable, l'universalité du suffrage, en appelant à la vie politique plusieurs milliers de citoyens qui n'y pensaient pas et ne s'en souciaient guère, ils sentaient instinctivement qu'ils se servaient d'une arme à deux tranchants, dont l'un pouvait se retourner contre eux et entraver leurs projets de domination. Pour en détourner l'effet, ils inventèrent le *direct* avec *scrutin de liste*, sans se douter qu'ils préparaient par là les voies à un autre absolutisme que le leur.

Suivant mon habitude de définir avant d'argumenter, j'ouvre mon dictionnaire (Boiste, p. 234) au mot *Direct*, et je lis : *Qui va tout droit, sans détours, immédiat.* D'après cette définition, le suffrage direct devrait être celui qui va droit au but, sans intermédiaire d'aucune sorte.

J'écarte, comme suffisamment élucidée, la question de l'application du suffrage direct aux choses. Je ne le retiens que pour le choix des personnes, l'élection d'un délégué ou représentant.

Remarquons d'abord que l'adjectif *direct* accolé au substantif *suffrage*, peut prendre une signification différente de celle qu'on lui reconnaît en le considérant isolément. En second lieu, cette signification peut être vraie dans un certain ordre d'idées, et fausse dans un autre.

Ainsi, en géométrie, la voie directe, la ligne droite est bien le plus court chemin d'un point à un autre ; mais dans le monde moral et politique, c'est ordinairement le chemin le plus long, la voie indirecte, qui, seule, permet d'atteindre le but poursuivi.

Il y a plus, et cette dernière observation va nous ramener à notre sujet, le suffrage direct peut être pratique et réel dans certains cas et absolument inapplicable dans d'autres. Je compte même démontrer qu'en fait d'élections, il n'a jamais été appliqué, et qu'en réalité, depuis son avénement, il y a vingt-sept ans, on n'a pu en faire usage qu'en le faussant pour le rendre le moins direct possible.

Quelque matière que l'on traite, si l'on veut scruter le fond des choses, il faut se rendre compte de leur nature, et des lois divines, générales, qui caractérisent leur essence et limitent les rapports qu'elles ont entre elles.

Quand il s'agit d'un être animé, le philosophe qui ne tiendrait pas compte de ses facultés, morales et matérielles, et de leurs organes, tels que Dieu les a faits, tomberait dans la divagation. Le politique qui méconnaît la portée de l'entendement de l'homme et les limites naturelles de ses sens, roule fatalement de l'impraticable dans l'absurde.

Autrefois le peuple-roi se plaisait à amuser les nations qu'il tenait sous son joug. Partout, dans les cités vaincues, il construisait à grands frais des édifices appropriés à ce but. S'il s'agissait des plaisirs de l'esprit, tragédie ou comédie, des théâtres étaient bâtis pour contenir un nombre assez restreint d'auditeurs, car il fallait les proportionner à l'étendue de la voix humaine ; tandis que pour les jeux et les combats d'amphithéâtre, où tout devait se percevoir par les yeux, les spectateurs s'étageaient jusqu'au nombre de cent mille sur les gradins concentriques d'un Colisée.

L'homme de guerre base les calculs qui doivent lui donner la victoire sur les dispositions morales et physiques de ses soldats, et sur la puissance de son matériel.

N'y aurait-il que le politique qui pourrait impunément se jouer du sens commun et des lois providentielles qui règlent la nature des choses ? Que des législateurs amenés au pouvoir par un coup de révolution décrètent témérairement, comme des enfants jouant avec une bombe, le suffrage universel, à la rigueur, j'y consens ; mais qu'en appelant au scrutin huit millions d'électeurs, ils disent : Le suffrage sera universel et direct, tel est mon bon plaisir ; c'est une monstruosité et une folie ; car ces deux mots hurlent de se trouver ensemble, et les idées qu'ils représentent sont absolument exclusives l'une de l'autre.

J'ai dit plus haut, et je crois l'avoir prouvé, que la compétence de l'électeur diminuait en raison directe de l'universalité du suffrage ; j'ajouterai maintenant que plus le suffrage est universel, et plus la personne, objet du vote, doit être rapprochée de l'électeur, conséquemment moins le suffrage peut être direct.

Prenons un exemple d'un vote direct, praticable, avoué par le bon sens et la raison.

L'institution du jury, importée chez nous au commencement de ce siècle, y a jeté, Dieu merci, des racines profondes : pourquoi ? Parce qu'on a su y respecter à la fois la compétence des citoyens appelés momentanément à exercer les fonctions de juge, en ne leur demandant autre chose que de se prononcer sur une question de fait, et, en second lieu, on n'a pas excédé la mesure de leur force physique, en ne les convoquant à siéger aux assises qu'en nombre restreint et pour un temps limité.

Supposons qu'un de ces avocats, bouffis d'orgueil, comme nos révolutions ont coutume d'en produire, soit jeté un moment au pouvoir sur l'écume d'une vague populaire, et qu'il s'imagine de changer tout cela pour faire du radicalisme au profit de son ambition.

Supposons qu'il décrète l'universalité sans modifier le direct dans l'institution du jury, et, pour ne rien exagérer, qu'il porte, dans une même cause, le nombre des jurés à douze cents, en l'honneur, si l'on veut, des douze mois de l'année. Comme ces douze cents jurés s'entendront bien ensemble et profiteront mieux des dépositions des témoins et des plaidoiries des avocats! Quelle aimable confusion règnera dans la salle des délibérations, et comme il leur sera facile de s'éclairer mutuellement sur les circonstances atténuantes à admettre et à rejeter! Ainsi, pour avoir modifié l'une des bases de la constitution du jury en augmentant inconsidérément le nombre de ses membres, l'autre base, le jugement direct, devient impossible, et l'institution entière est faussée dans son application.

Il en arrivera toujours ainsi quand le législateur uniquement préoccupé du but personnel qu'il veut atteindre, abandonnera les voies de la raison, de la justice et du droit. En est-il autrement dans nos élections par le suffrage *universel direct?* Lorsque l'on convoque cent mille électeurs, dispersés sur vingt à trente lieues carrés, à se concerter librement et sans intermédiaire pour nommer un ou plusieurs représentants, que le votant peut connaître seulement par des on-dit passés de bouche en bouche, que deviennent, dans ce cas, la liberté et la sincérité du vote? que devient la compétence de l'électeur?

Aussi qu'arrive-t-il? Tout le monde le sait, et nous l'avons vu maintes fois de nos yeux.

La loi a décrété l'irréalisable, tans pis pour la loi.

Elle n'a pas admis d'intermédiaire, il y en aura partout et de la pire espèce. Au lieu d'agir au grand jour, des agents secrets parcourront les faubourgs et les campagnes. Cantonnés dans les estaminets des villes et les cabarets des bourgades, ils rayonneront alentour, portant les ordres mystérieux d'un comité occulte, secouant à pleines mains la discorde et la haine, prônant le mépris de toute hiérarchie, de toute autorité, de toute vertu, calomniant au nom de l'ordre, menaçant au nom de la liberté, et au moment des catastrophes proclamant, au nom de l'égalité, l'absolutisme césarien du patron inconnu pour qui ils ont tiré les marrons du feu. Ceci n'est point un roman, mais de l'histoire actuelle, vivante, sanglante même parfois ainsi que le prouvera la seconde partie de ce travail.

Quoi qu'il en soit, ce n'est point aux agents subalternes qu'il faut s'en prendre. De même que des mesures fiscales inintelligentes provoquent la contrebande, ainsi une loi impraticable offre par elle-même une prime à la fraude dont la responsabilité incombe à ses auteurs.

Je dirai même, et jusqu'à un certain point à sa décharge, que, sous le second empire, les candidatures officielles dans des circonscriptions arbitraires furent la conséquence obligée de son adoption du *direct* dans le suffrage universel, et qu'ainsi la paternité de ce régime éminemment révolutionnaire, sous quelque étiquette qu'il se présente, remonte en ligne droite aux tyrans de la Convention, et subséquemment à ses plagiaires plus modernes, qui, d'eux aussi on peut le dire, n'ont rien appris et rien oublié.

En fait, les commissaires de Ledru-Rollin, sous la seconde république, comme la candidature officielle du second empire, prouvent bien que sous aucun régime le suffrage direct n'a été pris au sérieux. On l'inscrit dans la loi pour s'acquérir un regain de popularité à la condition de n'en tenir aucun compte dans la pratique. On repousse avec une feinte indignation tout intermédiaire entre le pouvoir et le peuple, mais on se réserve d'agir sous main ou ostensiblement sur ce dernier par des amis intervenant à cet effet, ou même par des fonctionnaires révocables. On se résignera à toutes les bassesses, on s'abaissera à toutes les hypocrisies (*omnia serviliter pro dominatione*), pourvu qu'on parvienne à éloigner la légitime influence des *autorités sociales* qui portent ombrage à tous les despotismes.

C'est là, en effet, l'unique motif de la tendresse que manifestent tous les dictateurs, empereurs ou tribuns, pour le *direct* dans le suffrage. Les uns et les autres, ayant mis la main par deux fois au forceps révolutionnaire pour hâter son avénement, ne peuvent ignorer qu'il est né avant terme ; que l'enfant souffreteux et malingre a besoin de soins tout particuliers ; que longtemps encore il ne pourra marcher sans des lisières dont ils comptent bien tenir les bouts.

Avais-je raison de dire qu'en réalité le suffrage direct n'avait jamais été appliqué dans le passé, et suis-je téméraire d'ajouter qu'il ne le sera jamais dans l'avenir?

Du scrutin de liste. — Je viens de parler du système électoral de l'empire. Il est nécessaire à propos du *scrutin de liste*, que nous allons examiner à son tour, de revenir sur ce système, qui, tout en conservant les deux premiers termes, l'*universel* et le *direct*, avait repoussé le troisième. Ce dernier, comme les deux adjectifs qui le précèdent, est d'origine révolutionnaire. A la différence de l'universel, et comme le suffrage direct, il n'est pas un principe, mais un moyen. Il est de la même famille que le vote au canton, créé spécialement pour limiter le libre exercice du droit de vote, en le tournant au profit exclusif de certaines ambitions bruyantes et malsaines.

Et cependant, il faut le reconnaître, malgré sa tache originelle, le suffrage direct avec scrutin de liste a donné au mois de février dernier (1871), sous la pression de malheurs inouïs, des résultats imprévus, contraires aux espérances de ses auteurs. Bien que ces résultats aient un caractère tout exceptionnel, c'est une raison suffisante de penser qu'en le régularisant, et demandant à l'étude impartiale de la matière le retour aux vrais principes, il ne serait pas impossible d'en tirer quelque bien en faveur de la sincérité du suffrage universel à plusieurs degrés.

Ces principes que nous avons souvent invoqués dans le cours de ce travail sont notamment : la liberté nécessaire à l'exercice de la volonté de l'électeur et la connaissance de la personne qui est l'objet du vote. Or il est certain qu'en ce dernier point, plus on étend le cercle des groupes électoraux, plus les électeurs sont nombreux et disséminés sur de grands espaces, plus ils sont éloignés les uns des autres et du point central où se fait l'élection, et plus la connaissance de l'objet du vote est difficile à acquérir. Aussi l'on peut dire que le vote, même par arrondissement, est un acte de foi aveugle de la part des neuf dixièmes des électeurs. Le moyen le plus naturel qui se présente à l'esprit pour obvier à ce grave inconvénient est de restreindre le plus possible les circonscriptions électorales.

Le second empire, que son origine révolutionnaire inclinait aux expédients en l'éloignant des principes, comme du reste tous les dictateurs autocratiques ou démagogiques, ne vit dans le suffrage universel direct qu'un moyen de gouvernement, et en abolissant le scrutin de liste s'arrêta aux circonscriptions électorales par arrondissement. Il en résultait que, dans certaines circonscriptions habilement remaniées, des groupes de trente, quarante et jusqu'à cent mille électeurs, étaient mis en demeure de s'entendre entre eux pour nommer un représentant. On peut admettre que le candidat était suffisamment connu dans deux ou trois cantons au plus, et très-imparfaitement dans les autres. Dans ceux-ci la plupart des électeurs ou s'abstenaient, ou votaient au hasard par préjugé ou par entraînement.

D'où cette conséquence que les motifs les plus futiles, et quelquefois les plus honteux, déterminaient les votes qui devant le pays et devant l'histoire seraient responsables des affreux désastres auxquels des choix malheureux n'ont pas été étrangers, si l'on ne devait invoquer, en faveur des votants, les circonstances atténuantes d'une loi mal faite. Ici, c'est plutôt le suffrage direct que le scrutin de liste que j'incrimine de nouveau. En effet, tout en admettant que le vote par arrondissement est plus rationnel que le vote par département, il faut reconnaître que le premier a cependant tous les caractères d'une demi-mesure prise en vue du résultat et nullement tirée des principes. De plus, on peut lui faire une objection grave. Non-seulement il est coupable de forcer l'électeur à se prononcer sans une connaissance suffisante du candidat, mais il a l'inconvénient non moins sérieux de substituer l'intérêt particulier de l'arrondissement à l'intérêt général du pays et d'éloigner des capacités réelles au profit des médiocrités locales. Sans cet intérêt particulier, presque seul en jeu dans l'esprit des populations, les abstentions eussent été bien plus considérables encore. Il faut, j'en conviens, que l'intérêt local soit représenté; mais lorsqu'il domine presque exclusivement, ainsi qu'il arrivait dans l'ancien Corps législatif, le but principal est manqué, et les effondrements, conséquence de la corruption qui mine sourdement les institutions, ne sont plus qu'une question de temps.

C'est là le seul motif que les auteurs du scrutin de liste peuvent invoquer pour justifier ce procédé, et il faut reconnaître qu'il est un correctif parfois efficace à l'inconvénient signalé.

Qu'est-ce à dire cependant, et conclurons-nous qu'il suffirait de supprimer ou de modifier le scrutin de liste pour rendre le suffrage universel et direct moins faux et moins impraticable? Nullement, et nous sommes amenés ici par la droite logique aux mêmes conclusions que celles déduites précédemment de l'accouplement monstrueux de l'universel avec le direct. Ce dernier ne ferait pas meilleur ménage avec le scrutin de liste, et ce que nous avons de mieux à faire est de provoquer entre ces deux conjoints un divorce définitif et sans appel. Donc, tout en faisant quelques réserves sur l'application, nous admettrions le scrutin de liste au même titre que l'universalité, et je reconnais en somme que, convenablement formulés, ils peuvent l'un et l'autre servir de base à une loi électorale raisonnable et pratique, mais à l'exclusion formelle du suffrage direct,

Ce pelé, ce galeux d'où nous vient tout le mal.

Je suis cependant forcé d'insister encore sur les inconvénients du suffrage ayant l'arrondissement pour centre, à l'exclusion du scrutin de liste. A s'en tenir aux apparences, c'est en effet, le moins défectueux des divers systèmes électoraux usités dans notre pays depuis vingt-sept ans, et comme il a pour lui une pratique de dix-huit années, sous le dernier Empire, il a encore nombre de partisans sincères et de bonne foi, ceux-là mêmes pour lesquels je prends la plume, et qui méritent qu'on se donne quelque peine pour les éclairer.

Je continue donc l'étude des effets bons ou mauvais du suffrage direct avec ou sans scrutin de liste, en tenant toujours bon compte des observations précédentes.

Après avoir établi que le suffrage direct ayant pour centre d'action les chefs-lieux de département ou d'arrondissement était contraire à la sincérité du vote, il me reste à examiner ce qui arriverait si on lui substituait un suffrage à plusieurs degrés. En nous tenant toujours sur les hauteurs du droit et de la vérité et sans nous inquiéter des conséquences qui se tireront d'elles-mêmes, nous nous demanderons quelles sont les conditions normales du suffrage universel indirect avec ou sans scrutin de liste. Confiant dans la sûreté de ma méthode, je ne me lasserai pas de remonter aux principes, comme le seul moyen d'atteindre la vérité dans le cercle étroit où l'esprit de l'homme peut se mouvoir sans tomber dans l'incohérent et dans l'absurde.

Résumant donc la substance de tout ce qui précède, je crois pouvoir affirmer : 1° que le suffrage, essentiellement distinct de l'acclamation, est un jugement réfléchi libre dans sa manifestation; 2° qu'il suppose une connaissance suffisante, pour déterminer le choix de l'électeur; 3° que le droit de suffrage dérive de l'intérêt que chacun peut avoir à la chose publique, en participant de quelque façon aux charges communes, et qu'il ne peut être suspendu ou limité que par la possibilité de connaître ou de ne pas connaître l'objet ou la personne soumis au jugement de l'électeur.

La solution du problème se trouve ainsi renfermée entre les trois termes de jugement libre, de la connaissance possible, et de l'intérêt de chaque particulier à la bonne administration de la chose publique. Tout système électoral qui ne donnera pas satisfaction à ces trois conditions essentielles, devra être condamné et rejeté comme injuste et impraticable.

Ainsi le suffrage restreint, tel qu'il fut usité jusqu'en 1848, avait le tort grave de laisser sans expression légale les opinions et les vœux de l'immense majorité des citoyens payant l'impôt. Mais, d'un autre côté, il donnait satisfaction aux deux premiers termes qui exigent de la part de l'électeur un jugement porté en connaissance de cause.

Dans le système du suffrage universel et direct, qui lui a succédé, soit dans les plébiscites des deux Empires, soit dans les élections des trois Républiques improvisées en France depuis quatre-vingts ans, l'universalité des citoyens est, il est vrai, appelée au scrutin; mais elle agira toujours comme une cohue désordonnée prête à s'agiter sous le souffle des préjugés et des passions, et incapable de réflexion et de jugement, par cette seule raison que, au moyen du vote soi-disant direct, la connaissance des hommes et des choses a été mise volontairement hors de sa portée.

Ainsi, on peut affirmer que sous ces régimes, tous deux engendrés par la violence et la force brutale, il y a eu des acclamations en sens opposé, dont les résultats ont été passagers, comme les impressions qui les produisaient; mais, à proprement parler, il n'y a pas eu de suffrage.

Doit-on en conclure que les trois termes du problème posés ci-dessus sont inconciliables et qu'il est inutile d'en poursuivre la réalisation? Je ne le pense pas, et la meilleure preuve qu'on en puisse donner est ce fait que dans les institutions où l'esprit de parti n'a pas faussé le jugement de l'homme politique, on est parvenu à les associer en les faisant utilement converger vers le même but.

Lorsque les législateurs de 1792, continuant, sans se l'avouer, la politique de Louis XIV, se décidèrent à centraliser encore plus fortement l'action du pouvoir, ils eurent recours au fractionnement du territoire par communes, cantons, districts (plus tard arrondissements) et départements. Division arbitraire et incomplète : arbitraire, en ce sens qu'elle ne tenait nul compte des habitudes et des intérêts séculaires des populations; incomplète, parce qu'entre le département et le pouvoir central, il manquait un échelon, la province, qui, comme on l'a vu depuis, pouvait seule, en groupant des intérêts plus généraux, donner satisfaction à tous les besoins du service.

Quoi qu'il en soit, ce fractionnement atteignit, pour la plus grande partie, le but de son institution en faisant pénétrer la pensée directrice du centre aux extrémités de la circonférence.

Au moyen de cet engrenage savamment combiné, toutes les administrations, finances, police, culte, instruction et travaux publics, furent mises à même de connaître les ressources et les besoins du pays, et d'y pourvoir avec ensemble. Dans l'armée, sauf la lacune que je viens de signaler, le principe du fractionnement par degrés successifs fut non moins rigoureusement appliqué. La compagnie, unité militaire, correspond à la commune, unité administrative ; le régiment, au canton ; la brigade, à l'arrondissement, et la division, au département. Enfin le corps d'armée aurait dû avoir son pendant dans la région ou province ; mais le fantôme du fédéralisme et les craintes d'une centralisation ombrageuse s'y opposèrent, et il a fallu les désastres de la dernière guerre pour en faire sentir la nécessité.

Si, de la société civile, nous portions nos regards sur les grandes agglomérations industrielles, nous verrions le même principe du fractionnement pratiqué plus ou moins rigoureusement et proportionnellement au nombre des employés. Partout, en effet, sans ce procédé, le simple bon sens nous le dit, il ne peut y avoir que désordre et confusion, du moment où il s'agit de faire concourir vers un même but les volontés divergentes d'une multitude.

Mais, me dira-t-on peut-être, vous vous méprenez, et vos exemples vont à l'inverse des prétentions de votre thèse ; car dans l'administration et l'armée, il s'agit de soumettre à la volonté d'un pouvoir central celle des subordonnés, et dans l'espèce, c'est précisément le contraire, ce sont les subordonnés qui doivent manifester leur volonté et en faire parvenir l'expression au pouvoir exécutif.

Je répondrai à mon tour : Qu'importe cette différence? Ce ne sont pas des attributions opposées qui sont ici en question, mais bien la transmission de la volonté.

Nous voulons prouver que, soit qu'elle aille du centre aux extrémités ou des extrémités au centre, cette transmission ne peut avoir lieu que par étapes successives, dont l'intervalle est calculé sur les forces physiques et les facultés de l'homme, telles qu'elles sont, et non pas telles qu'il plaît aux caprices des faiseurs de les supposer. Or, je le demande à tout homme de bon sens et de bonne foi, que peut produire le fractionnement de dix millions d'électeurs divisés par départements et même par arrondissements? Cinquante mille électeurs groupés ensemble pour nommer six représentants s'entendront-ils mieux, auront-ils plus de facilité de s'éclairer que s'ils étaient un million?

Si l'on se demande avec sincérité, et sans esprit de parti, quelle est la limite normale, quelle doit être l'*unité votante*, comme la compagnie est l'unité armée et la commune l'unité administrative, je dirai : Ne songez pas aux résultats que vous espérez ou que vous craignez, interrogez les faits pour eux-mêmes, voyez la nature de l'homme, telle qu'elle est, et l'un et l'autre vous répondront comme ils le font toutes les fois qu'on les questionne sans passion. Au delà d'un maximum de cinq cents électeurs, il n'y a plus de suffrage possible, parce qu'il n'y a plus ni informations ni connaissance directe qui puissent en assurer la sincérité.

Appuyé sur ce fondement solide, je ne crains pas d'affirmer que l'unité votante, la seule praticable pour le suffrage universel, est la petite commune de deux à trois cents électeurs. Là le suffrage direct avec scrutin de liste est possible, en tant qu'il s'agisse de nommer des mandataires immédiats, car tout le monde se connaît de vieille date, et il n'est pas nécessaire d'avoir recours à une instruction particulière sur chaque candidat qui se présente ; la vie de tous est à jour, et si, comme cela peut arriver, les choix sont défectueux, on ne peut plus s'en prendre au mécanisme électoral, mais seulement à la mauvaise qualité de l'élément social lui-même.

Mais si la petite commune rurale est prise comme type de l'unité électorale, la logique veut que les grandes agglomérations urbaines soit fractionnées par groupes ou quartiers de cinq cents électeurs au maximum. Or les cadres de la garde nationale fournissent à la fois l'élément pratique de cette division et confirment sa raison d'être [1]. Il est aussi nécessaire, si ce n'est plus, de mettre de l'ordre dans le vote d'où peut dépendre l'existence de la patrie, que dans les rangs d'une institution d'une utilité fort contestable.

Sur cette base large, véritablement libérale et rationnelle, qui peut seule produire des délégués nommés par leurs mandants en pleine connaissance de cause, on édifiera, quand on le voudra, une représentation sérieuse des intérêts généraux du pays. Ces délégués des communes ou fractions de communes réunis au canton en nommeront d'autres qui formeront au chef-lieu du département l'assemblée générale chargée d'élire les re-

[1] Ceci était écrit à la fin de novembre 1871. Il ne faut pas l'oublier.

présentants de la France à la majorité des suffrages. N'ayant point la prétention de formuler un projet de loi, mais seulement d'étudier la solution du problème que je me suis posé après bien d'autres, je n'ai point à m'occuper du fonctionnement des réunions électorales qui forment les deux étapes nécessaires à la sincérité du vote. Je n'ai point à me demander non plus s'il ne faudrait pas faire intervenir un troisième degré correspondant à l'arrondissement. Ce sont là des questions de détail qui regardent nos législateurs. N'ayant en vue que l'ensemble, je puis terminer cette étude en peu de mots, en démontrant que, contrairement à tous les autres modes, celui-ci donne satisfaction dans la mesure du possible aux trois termes qui constituent tout le problème en question :

1° A la base, le suffrage universel ne laisse aucun intérêt, quelque minime qu'il soit, sans une représentation équitable.

2° L'électeur votant dans sa commune ou son quartier reste dans la sphère qui lui est propre, au milieu de ses habitudes, avec la connaissance personnelle des hommes et des choses.

3° On peut même dire que ce mode de suffrage est le seul *direct*, parce que l'information qui est l'essence même du jugement à porter peut se faire *directement*, sans intermédiaire, tandis que, dans le système que je combats, l'information ne pouvant s'effectuer qu'imparfaitement, irrégulièrement, avec une peine et une perte de temps dont les neuf dixièmes des électeurs s'affranchissent, il n'y a de direct et de certain que l'impuissance à se rendre compte du meilleur parti à prendre.

Que dirait-on d'un juge qui prononcerait son verdict avant toute enquête, toute audition de témoins? Non, le sens commun a les mêmes droits dans la politique que dans les intérêts privés, et lorsqu'en toute chose il est admis sans conteste que la réflexion doit précéder l'action, l'instruction, le jugement, les conseils et l'étude l'exercice de la volonté, à qui fera-t-on croire que la sauvegarde de la chose publique fait seule exception, et qu'en politique seulement on peut mettre impunément la charrue devant les bœufs?

Objection tirée du jeu des passions nécessaire à l'activité humaine. — Je ne vois plus qu'une objection derrière laquelle les adversaires du suffrage à plusieurs degrés puissent se retrancher en désespoir de cause. Ils peuvent dire que le mandant doit être représenté tel qu'il est, non-seulement avec ses facultés pensantes ayant la réflexion et le jugement pour base, mais aussi avec ses passions et ses préjugés; que l'opinion publique est la résultante non-seulement des idées mûries par l'étude et la réflexion, mais aussi des impressions plus mobiles de l'âme humaine, et qu'en conséquence la représentation vraie doit refléter à la fois les pensées rassises et les passions qui l'agitent, et comptent après tout parmi les moteurs nécessaires à l'exercice de la volonté.

J'énonce ici l'objection dans toute sa force, et je conviens que ce qu'elle a de plausible est la seule excuse que l'on puisse invoquer à la décharge des légiféreurs de l'époque révolutionnaire. Sans cette excuse il y aurait unanimité pour les ranger au-dessus des plus grands scélérats dont les crimes ont épouvanté le monde.

Mais il est facile dans l'objection déduite ci-dessus, de séparer l'ivraie du bon grain.

Oui, la passion, comme l'imagination dont elle procède, comme l'intérêt particulier qui enfante les préjugés, sont les éléments de l'activité humaine. Il faut même reconnaître que cet état de choses, étant général, a le caractère d'une loi providentielle, puisque Dieu ne fait rien d'inutile et qu'il est certain que la volonté de l'homme est trop souvent déterminée par la passion, l'imagination ou l'intérêt plus ou moins bien entendu. Oui, les penchants, même enclins au mal, sont ici-bas un élément nécessaire à la préparation des actes, mais, j'ai hâte de le dire, un élément *initial;* un premier moteur, utile s'il met en branle les facultés de l'esprit; néfaste, s'il veut agir seul et usurper des fonctions qui ne lui appartiennent pas. Le feu et l'eau sont dans le monde physique les similaires des passions dans le monde moral. Contenue et dirigée, leur force d'expansion devient le générateur d'un mouvement régulier, capable de rendre les plus grands services ; laissée à elle-même, elle peut tout anéantir, et changer l'ordre matériel en un véritable chaos.

Il en est de même des passions : elles sont nécessaires pour sortir l'homme de l'inertie dans laquelle il est tout disposé à croupir quand ses premiers besoins physiques sont satisfaits. Excitée par le mirage de l'imagination, la passion stimule sa volonté, et, sentinelle avancée, lui crie : Lève-toi, prends tes armes ; voici l'ennemi. Mais l'alarme donnée, et dès que les facultés de l'esprit, mises en éveil, sont tendues vers le but qu'il s'agit d'atteindre, le rôle de la passion finit ; elle doit céder la place à la réflexion et à l'étude, seules capables de prononcer le jugement qui doit déterminer la volonté et clore le débat. Tel est l'ordre nécessaire dans lequel doivent fonctionner les diverses facultés de notre âme, sous peine de s'annuler l'une l'autre et de n'aboutir qu'au mal. Rien ne peut échapper à cette loi, ni les intérêts grands ou petits, ni l'art, ni la science, ni la philosophie, ni la politique.

Une bonne loi électorale ne doit donc pas étouffer les passions, mais les régler, les contenir à leur place et dans leur ordre. Leur expansion, salutaire comme générateur du mouvement, devient désastreuse s'il n'est amorti par une suite d'engrenages, qui, tout en gardant l'élan de l'impulsion première, la régularise dans sa marche en avant. Une mauvaise loi, au contraire, après avoir mis les passions en jeu et rien que les passions, leur donne à faire une besogne qui n'est pas de leur compétence, et par ce moyen les facultés les plus nobles de l'âme humaine sont réduites à l'impuissance.

Laissons donc à la commune et à ses sections le suffrage universel direct avec scrutin de liste ; là seulement il est rationnel et pratique, et il peut être le moteur primitif de tout le système. Là, la raison et la passion peuvent se combattre sans danger pour la société, pendant la fièvre électorale. Mais si l'on veut que la raison puisse à son tour faire son œuvre, comme c'est son droit et sa fonction, amortissons l'impulsion initiale par des rouages successifs pour que, le temps produisant la réflexion, la maturité du jugement puisse corriger les excès d'une fermentation trop prolongée. A ce prix seulement, notre patrie remontera sûrement la pente de la décadence, qui, depuis deux cents ans, tantôt par excès d'inertie, tantôt par des mouvements convulsifs désordonnés, la fait graduellement pencher vers sa ruine.

Tels sont les enseignements de la théorie et de l'histoire, qui vont, si je ne me trompe, être confirmés d'une manière irréfutable par la pratique dans un essai d'organisation régulière de comités électoraux tenté dans le département d'Indre-et-Loire, à propos de l'élection du mois de juillet dernier (1871).

Le récit de cette tentative, bien qu'elle n'ait pas abouti au gré des espérances de ses promoteurs, portera avec lui une instruction utile à tous les patriotes. C'est ce récit, fait à l'aide des procès-verbaux, auxquels j'ai concouru en qualité de secrétaire, qui fera l'objet de la seconde partie de ce travail.

ÉLECTIONS DU 2 JUILLET 1871

DANS

LE DÉPARTEMENT D'INDRE-ET-LOIRE

PRÉLIMINAIRES

LE COMITÉ GÉNÉRAL POUR L'ÉLECTION DU 8 FÉVRIER

Les élections pour les députés à l'Assemblée nationale avaient eu lieu le 8 février dans les circonstances présentes à la mémoire de tous.

Cette Assemblée, qui devait, après huit mois de guerre désastreuse et d'anarchie, reconstituer dans notre malheureuse patrie le principe d'une autorité régulière, était, chacun le comprenait alors, notre seule planche de salut après le naufrage. Aussi, malgré le scrutin de liste, toujours défavorable à la sincérité du vote, malgré le jour choisi, qui n'était pas un dimanche, malgré le vote au canton, substitué au vote à la commune par les avocats téméraires qui s'étaient emparés du pouvoir le 4 septembre, jamais le chiffre des votants n'avait été plus considérable.

Chaque électeur sentait que le petit papier qu'il allait déposer dans l'urne, pouvait être le grain de sable capable d'arrêter le flot montant de l'invasion et de l'anarchie. Les malades et les infirmes se faisaient porter au scrutin. La grande distance, les mauvais chemins ne furent nulle part un obstacle. Jamais le vote n'avait eu un caractère plus résolu, plus sincère et plus exempt des préjugés et des passions, qui trop souvent en faussent l'application. Les divisions, les jalousies mesquines qui s'entremettent habituellement entre les diverses classes de la société française, et qui, exploitées par les ambitions rivales, préparent les explosions successives qui minent peu à peu les fondements de notre nationalité ; toutes ces agitations stériles semblaient évanouies devant l'immensité de nos malheurs, et, sauf une minorité factieuse, condamnée à l'impuissance par son isolement et ses excès, les électeurs du département d'Indre-et-Loire, unis par le support commun de tant de calamités, ne semblaient former qu'un peuple de frères.

Cependant les obstacles ne manquaient pas à la réalisation des vœux de chacun pour une entente commune. Outre ceux du fait d'un gouvernement révolutionnaire, l'ennemi occupait tout le département; les communications étaient partout interrompues; les chemins de fer, les voitures publiques ne marchaient plus; les chevaux étaient réquisitionnés, et, pire que tout cela, le temps manquait pour une préparation convenable à un acte de cette importance.

Qui prendrait l'initiative? La population électorale était habituée, depuis vingt ans, à la recevoir de la préfecture. Les hommes nouveaux, épaves de la révolution récente dont les candidatures officielles avaient préparé l'avénement, ne pouvaient[1] ostensiblement donner l'impulsion. En dehors des clubistes de la salle Pontus, rien n'était organisé.

Inquiets d'un tel état de choses, quelques habitants de Tours se rencontrent dans la rue Royale, s'enquérant des nouvelles et se faisant mutuellement part des perplexités de la situation. Ces réunions improvisées se tenaient sur le trottoir, sous

[1] Cependant il faut constater que beaucoup de préfets Gambettistes eurent l'imprudence de se présenter comme candidats à la députation aux électeurs de leur département, où la plupart échouèrent. M. Durel, notre préfet d'Indre-et-Loire, que l'on peut louer pour l'usage modéré qu'il fit de son pouvoir éphémère, ne résista pas à cette tentation. Nous donnons sa circulaire aux pièces justificatives, n. 1. Elle doit rester acquise à l'histoire de ce temps déplorable.

les portes cochères, tantôt dans le cabinet d'un honorable industriel, tantôt dans celui du directeur de l'un de nos journaux.

L'initiative prenant sa source dans un désir sincère de résoudre des difficultés presque insurmontables, était trouvée. Après deux jours de pourparlers, la base de l'élection future fut arrêtée comme suit : il fut convenu que, tout en visant avant tout l'intérêt général du pays, on respecterait les prérogatives des anciennes circonscriptions électorales par arrondissement, indépendamment du chiffre des électeurs inscrits. Des trois anciens députés au Corps législatif, M. Houssard fut accepté à l'unanimité; M. Wilson, très-discuté et repoussé d'abord par la grande majorité du comité, fut finalement accueilli sous la garantie de son collègue, M. Houssard; M. le marquis de Quinemont, renonçant à toute candidature, nous offrit loyalement son concours et il a tenu parole.

Il restait le choix de quatre candidats à présenter aux électeurs : un pour Tours, un autre pour Loches et deux pour l'arrondissement de Chinon.

Pour l'arrondissement de Tours, un nom dominait tous les noms. Il était dans toutes les bouches et dans tous les cœurs. Il devait illuminer notre liste de l'éclat de la plus saine popularité. J'ai nommé M. Alfred Mame, libraire-imprimeur, dont la réputation européenne rejaillit sur notre cité et la Touraine tout entière. Je ne dirai pas les instances, pressantes jusqu'à l'indiscrétion, qui furent faites à notre respectable compatriote, encore moins les raisons par lesquelles il combattit nos objurgations et nos prières. Mais dans le narré des faits que j'entreprends d'exposer ici, je ne pouvais passer sous silence le refus obstiné de celui que l'opinion publique désignait en première ligne au choix du comité.

En refusant toute candidature, M. Mame avait appelé notre attention sur M. Eugène Gouin, dont le zèle, l'intelligence et le dévouement avaient été mis en pleine lumière pendant les cruelles épreuves que nous venions de traverser. La candidature de M. Gouin réunit tous les suffrages. M. le marquis de Bridieu, jadis victime des candidatures officielles sous le régime précédent, était désigné par cela seul au choix du comité pour représenter l'arrondissement de Loches. M. Raoul Duval, dont le nom avait été mis en avant pour remplacer M. Wilson, se retira généreusement devant la popularité justement acquise à Loches par M. de Bridieu.

Restait à pourvoir l'arrondissement de Chinon. M. Bertrand, banquier, et homme considéré dans cette ville, avait refusé la candidature qu'on lui avait fait proposer. M. Hulin, conseiller général, et M. Deligny, alors prisonnier en Allemagne, furent mis en avant par M. de Quinemont, et adoptés par le comité.

Le mercredi 1er février, la liste des six candidats était définitivement adoptée et présentée aux électeurs dans l'ordre suivant :

MM. Gouin, maire de Tours:
Houssard, ancien député;
Wilson, id;
Marquis de Bridieu, conseiller général;
Hulin, conseiller général, maire de Richelieu;
Deligny, général de brigade.

Le jeudi soir, les bulletins imprimés étaient envoyés dans les cantons, par tous les moyens dont on pouvait disposer.

Mais ici se place un incident, qu'en historien véridique je ne puis passer sous silence. La liste qui précède avait été arrêtée en l'absence de M. Wilson, dont le nom, comme je l'ai dit, avait soulevé plus d'une répulsion. Il n'y fut maintenu que grâce à la robuste confiance de M. Houssard pour son ancien collègue. M. Wilson, de retour du camp de la Rochelle où il exerçait un commandement, connut le vendredi matin à son retour la composition de la liste du comité général, publiée depuis deux jours déjà, dans les deux journaux de la localité. Son silence pendant quarante-huit heures fut interprété comme une adhésion aux engagements pris en son nom par son collègue. Il n'en était rien, c'était là simplement une ruse de guerre. Le samedi soir 4 février, trois jours seulement avant l'élection, parut, dans *l'Union libérale*, une liste nouvelle qui justifiait les hésitations du comité central et protestait la signature de M. Houssard [1]. Le lundi matin seulement, le comité réuni spontanément décida de remplacer M. Wilson par M. Raoul Duval. Les nouvelles listes ainsi rectifiées ne purent être expédiées que le mardi, veille de l'élection, et furent accueillies avec faveur dans tous les lieux où elles purent parvenir. Malheureusement les cantons les plus éloignés n'en eurent connaissance qu'après l'élection, qui donna le résultat suivant :

Houssard,	64,283
E. Gouin,	57,934
Hulin,	53,692
Deligny,	51,774
de Bridieu,	50,157
Wilson,	31,302
Raoul Duval,	26,723

[1] Nous donnons, n. 2 des pièces justificatives, une lettre de M. Wilson au *Journal d'Indre-et-Loire*, paru à Tours le lundi soir. Dans cette lettre, M. Wilson cherche à justifier sa propre liste par des arguments dont le rédacteur du journal n'a pas de peine à démontrer l'inanité.

Le récit qui précède explique l'inégalité des votes obtenus par chacun des élus et la contradiction apparente du résultat avec l'esprit d'union, qui, en réalité, portait la masse des électeurs à sacrifier aux souffrances de la patrie leurs préférences ou leurs répugnances personnelles.

Bien qu'ayant manœuvré de manière à se trouver sur deux listes opposées, M. Wilson eût été certainement distancé par son concurrent, si la seconde liste du comité général était parvenue à destination. Les habiles pourront féliciter M. Wilson de ce succès; mais ceux qui pensent que l'exemple de la droiture doit partir de haut et devient par là la première condition des fonctions publiques, n'hésiteront pas une autre fois à se rallier au vaincu du 8 février.

Victrix causa Diis placuit, sed victa Catoni.

Rendons enfin justice à tout le monde, M. le comte Chastenet de Puységur, candidat légitimiste de l'arrondissement de Chinon, pour ne pas mettre la division dans le parti de l'ordre, se désista de ses prétentions par une lettre adressée au *Journal d'Indre-et-Loire* en recommandant à ses amis la liste du comité conservateur libéral [1].

En somme, sauf l'exception que nous venons de

[1] Voir aux pièces justificatives, n. 3, la lettre de M. de Puységur.

signaler, les élections du 8 février dans le département d'Indre-et-Loire peuvent être présentées comme un modèle de dignité, de dévouement et de patriotisme, qui honore le corps électoral tout entier, mais plus particulièrement le bon sens de nos populations rurales. Elles puisèrent, il faut le croire, dans le spectacle des malheurs de la patrie les lumières pour distinguer le bien du mal, le vrai du faux, le solide du clinquant et de l'oripeau, et le courage pour vaincre les obstacles que le pouvoir révolutionnaire avait accumulés contre la sincérité du vote et la facilité d'accès du scrutin.

Enfin, la réunion improvisée, qui s'est appelée: *Comité général*, mais n'eut d'autres prétentions que de donner l'impulsion qu'en raison des circonstances on pouvait attendre seulement du chef-lieu, et d'employer, pour atteindre le but, les moyens les plus expéditifs, cette réunion, dont le véritable nom est celui de *Comité d'initiative*, peut revendiquer sa part dans une élection qui, prise dans son ensemble, a donné satisfaction aux éléments de stabilité, seuls capables, après les effondrements dont nous venons d'être témoins, d'asseoir à nouveau les fondements de notre société française.

ÉLECTION DU 2 JUILLET

PREMIER ACTE

COMITÉS D'INITIATIVE

Le comité improvisé qui prépara l'élection du 8 février fut forcé de prendre à lui seul toute la responsabilité du choix des candidats qui s'imposaient d'eux-mêmes, soit par d'anciens services, soit par la notoriété de leurs noms; mais aucune des personnes qui composaient ce comité ne se dissimulait le poids de cette responsabilité, et tous étaient disposés à la partager avec leurs concitoyens que leur influence acquise désignait pour composer des sous-comités électoraux dans les plus importantes localités du département.

Il n'y eut donc point usurpation de leur part, mais empêchement par force majeure, à raison de la nécessité d'agir, et d'agir efficacement dans le court délai d'une semaine.

Il n'en était plus de même pour l'élection du 2 juillet, et nous allons constater que, des trois comités d'initiative qui se formèrent spontanément à cette occasion, un seul, celui-là même où se rencontrèrent de nouveau les membres qui composaient en partie le comité du 8 février, a su se retirer au moment opportun, pour laisser la place libre à des réunions préparatoires régulièrement convoquées sur la base de l'élection.

Mais, avant de raconter les faits et gestes des trois comités d'initiative qui fonctionnèrent dans un esprit et avec des procédés différents, à l'occasion de l'élection du 2 juillet, il est utile d'exposer brièvement quelques considérations préalables sur l'initiative en général, et particulièrement en matière électorale.

Imprimer par un premier effort le mouvement à une masse quelconque, au moral comme au physique, est une opération particulière de l'activité humaine, ayant ses caractères propres et ses moyens d'action distincts.

Sans approfondir ici ce problème, il est facile de constater brièvement que l'impulsion initiale diffère du mouvement normal, continu, en deux points principaux : la nécessité d'un effort momentané, extraordinaire, et l'indépendance passagère de tout *régulateur*. Ainsi, que l'on considère une machine à mettre en branle, ou une entreprise nouvelle à commencer, l'obstacle ambiant dont il faudra vaincre la résistance, demandera une force d'impulsion plus considérable que celle qui sera ensuite nécessaire pour soutenir un mouvement régulier.

Dans la politique, qui n'échappe pas, quoi qu'on en dise, aux conditions universelles des lois physiques et morales, l'élément initiateur diffère essentiellement de celui qui doit le suivre en modérant son élan pour assurer sa durée. Dans une élection, nous l'avons prouvé dans la première partie de ce travail, le sang-froid et la réflexion sont les éléments essentiels du jugement dont le vote est la conséquence ; mais pour donner le branle, pour agiter la masse et l'engager à porter son attention sur les questions d'intérêt général, qui ne la touchent qu'indirectement et de loin, la passion est nécessaire pendant la période initiale. On peut la comparer au levain, matière essentiellement putrescible, qui, à certaine dose, fait utilement fermenter la pâte, mais qui la corromprait s'il était employé dans une proportion trop considérable.

Cette nécessité d'un levain est la raison d'être des partis politiques qui divisent un pays. Leur fonction providentielle est de secouer l'inertie et l'égoïsme des indifférents et des satisfaits. Car la société peut, comme l'individu, périr d'anémie ou de fièvre chaude, et la santé n'est que le résultat d'un heureux équilibre entre l'activité et le repos. Mais le propre de la passion étant l'horreur de la mesure et le mépris de toute règle, elle doit être contenue par des institutions sages et respectées qui limitent son action, la renferment dans son rôle rationnel et l'empêchent d'usurper des fonctions pour lesquelles elle n'est point faite.

Se mettre en avant, courir les aventures, risquer le tout pour le tout est une question de tempérament, d'habitude et de position pour certains individus, certaines classes et même certaines professions. Sans doute on rencontre partout des impatients, des présomptueux et des violents; mais la jeunesse en fournira plus que la vieillesse, les prolétaires des villes plus que les ouvriers des campagnes, les professions dites libérales plus que les fabricants et les propriétaires.

Lorsque les institutions politiques sont incomplètes et incohérentes, comme celles qui nous régissent en ce moment (1871), lorsque aucune limite n'est imposée au mouvement initiateur, celui-ci a naturellement la prétention de se perpétuer du commencement à la fin. Il est la charrue qui ouvre la terre, il veut être aussi la faux qui recueille la moisson.

C'est à cette importante lacune de la loi qu'une organisation logique et régulière de comités électoraux doit parer. Loin de fausser l'élection, elle la complète, lui donne son véritable caractère de jugement motivé, et peut seule rendre le suffrage universel raisonnable et pratique.

Ce qui va suivre nous montrera lequel des comités d'initiative qui ont surgi dans le département, à l'approche de l'élection du 2 juillet, a le mieux compris son devoir, s'est le plus scrupuleusement renfermé dans ses attributions spéciales sans usurper sur les droits des électeurs, qu'il avait mission d'éclairer, mais non d'absorber par des moyens que la morale et l'honnêteté réprouvent, aussi bien dans la politique que dans les relations privées.

Dès le 25 mars, un comité légitimiste se réunit à Tours dans le but avoué de faire triompher la candidature de M. le comte Chastenet de Puységur. Les hommes considérables qui le composaient arrivèrent nombreux à l'appel de quelques-uns, et dans la pensée unique, comme c'était leur droit, de préconiser un représentant de leur opinion. Mais, s'ils étaient d'accord sur le but, il fut évident, dès la première séance, qu'ils ne l'étaient pas sur les moyens. Comme il arrive toujours en pareille circonstance, les purs, les ardents prennent le devant; mais, dès qu'il s'agit d'élargir le cercle de l'influence individuelle, de se donner une base pratique, leur petit nombre et leur isolement apparaît aux yeux les plus prévenus. Ils croyaient être un parti, ils se trouvent n'être plus qu'une nuance, et, du moment qu'ils doivent agir en vue d'une action collective et se préoccuper du résultat, ils sont obligés de compter avec les modérés. Heureusement, il s'en trouvait quelques-uns, et des plus recommandables, dans cette première réunion, et, lorsque fut posée la question de savoir si, pour les suivantes, on se contenterait des hommes du parti exclusivement, ou si l'on s'adresserait à toutes les opinions honnêtes [1], ce dernier avis prévalut et entraîna, comme conséquence, les décisions suivantes : 1° qu'on ferait appel à toutes les nuances d'opinion modérée dans le département; 2° qu'afin d'enlever toute couleur politique aux réunions préparatoires, on élirait un président au commencement de chaque séance, simplement dans un intérêt d'ordre; 3° qu'un secrétaire serait nommé pour tout le temps que dureraient les réunions, et que ce secrétaire signerait seul les lettres de convocation; 4° qu'au lieu du titre du comité électoral, que l'on s'était donné jusqu'alors, on prendrait celui de *Comité d'initiative*: qualification heureuse en ce qu'elle précisait la mission spontanée et la fin désintéressée que le comité devait

[1] J'avais refusé de faire partie de cette première réunion, dont le but me semblait mal défini ou trop exclusif; je ne sais par conséquent si l'on a songé à préciser dès lors ce qu'il faut appeler *opinion politique honnête*. Mais il résulte de l'esprit qui a dominé dans les réunions suivantes et des conversations que j'ai eues avec les membres les plus influents, que cette définition peut se formuler ainsi : Une manière de voir en politique, honnête dans son but aussi bien que dans les moyens employés pour l'atteindre, et excluant toute pression déloyale par la violence, le mensonge et la calomnie.

poursuivre ; 5° que le but exclusif des réunions, dans chaque arrondissement, serait de provoquer la création de comités définitifs auxquels reviendrait le soin de débattre les candidatures qui pourraient surgir ; qu'en conséquence, dès que l'organisation de ces comités serait complète et leur fonctionnement assuré, le comité d'initiative se retirerait laissant la place libre à ses successeurs.

Telles furent les principales dispositions adoptées dans les séances du 25 mars, du 1er avril et du 27 mai.

Dans cette dernière, les bases pour l'organisation des comités électoraux furent définitivement arrêtées, et il fut décidé qu'on en donnerait connaissance par une circulaire publiée dans les journaux à tous les électeurs du département.

Je n'ai rien de mieux à faire que de reproduire ici *in extenso* ce document historique. On trouvera aux pièces justificatives (n. 4) la note publiée en même temps dans les journaux.

COMITÉ D'INITIATIVE ÉLECTORALE

—

A MESSIEURS LES ÉLECTEURS DU DÉPARTEMENT D'INDRE-ET-LOIRE.

Messieurs,

Un grand nombre d'électeurs du département, préoccupés de la nécessité de mesures préparatoires pour les élections futures, se sont réunis, et ont formé un comité d'initiative électorale.

A la suite de deux réunions qui ont eu lieu, le 25 mars et le 1er avril, afin de préciser l'esprit et le but des opérations de l'assemblée, le programme qui suit a été adopté :

Pour faire une œuvre sérieuse, sincère et durable, l'appui de tous les honnêtes gens est nécessaire, de tous les gens d'ordre, à quelque parti qu'ils appartiennent. Un appel leur est donc fait, en présence de la profonde désorganisation de notre malheureux pays, de l'anarchie qui nous menace, de l'extrême importance d'une union complète entre tous. Personne ne demeurera indifférent, ne restera sourd à cet appel si loyal et si sincère. N'est-il pas temps que les gens honnêtes relèvent la tête, s'unissent et travaillent en commun au bien du pays ?

C'est la pensée qui doit dominer toutes les autres : le parti du désordre et de l'anarchie marche avec ensemble ; un mot, un signe le fait obéir tout entier, comme s'il n'y avait qu'un seul individu, qu'une seule volonté ; et le grand parti de l'ordre, qui aurait dû donner l'exemple de l'union et d'une entente énergique, ne saurait arriver à un résultat semblable !

Non, il n'en sera pas ainsi ; trop grande est notre confiance dans l'amour de tous pour la France, dans le dévouement au pays, pour qu'en faisant aujourd'hui appel au cœur et à la raison de tout ce qui veut l'ordre, on ne puisse, avec des concessions mutuelles, former un grand parti, qui aurait d'autant plus de force, qu'il reposerait sur tout ce qu'il y a d'honnête, de justement respecté dans le pays.

Dans une troisième séance, tenue le 27 mai, il a été décidé que pour consulter les électeurs de la manière la plus générale et la plus vraie, le comité d'initiative s'adresserait aux conseillers généraux et d'arrondissement, aux maires et aux conseillers municipaux, et, en outre, pour la ville de Tours, à la chambre et au tribunal de commerce.

En conséquence, MM. les maires et les conseils

municipaux composés de moins de vingt membres seraient priés de désigner un délégué : ceux composés de plus de vingt membres, deux délégués.

Le trop grand nombre de personnes qui composeraient ce comité général, rendrait nécessaire de les grouper par arrondissements. Celui de Chinon s'étant déjà constitué dans des données presque identiques, le comité d'initiative électorale a désigné pour les arrondissements de Tours et de Loches un membre par canton, chargé de s'adresser à MM. les conseillers généraux et d'arrondissement, les membres du tribunal, et de la chambre de commerce de Tours, les maires et les conseillers municipaux, et de s'entendre avec eux pour former le comité de chacun de ces deux arrondissements.

Il a été, en outre, décidé que chacun des trois comités d'arrondissement serait invité à nommer un nombre de délégués reposant sur le chiffre de la population, dans la proportion d'un délégué par deux mille électeurs, à l'effet de composer le comité central dont la mission serait de fixer définitivement le choix des candidats.

Dans la même séance, le comité d'initiative électorale a exprimé le désir qu'il soit adressé au comité local actuellement formé à Chinon, communication des résolutions ci-dessus avec l'espoir qu'il voudra bien coopérer à la formation d'un comité central dans les conditions précédemment exposées.

Le comité central, une fois nommé, se réunirait à Tours, y formerait un bureau, et prendrait les résolutions qu'il croirait utiles.

Il a été décidé que le présent programme serait envoyé à toutes les personnes désignées pour faire partie des comités et publié dans les journaux des différentes localités du département.

Pour copie conforme,

Au nom du comité d'initiative électorale,

Le secrétaire provisoire,

Comte DE GALEMBERT.

Cette circulaire, immédiatement envoyée à tous les intéressés, fut accueillie partout avec faveur. Seul, le comité d'initiative de Chinon sembla vouloir s'isoler, et se tint sur la défensive. La cause en fut dans un malentendu que je dois exposer ici en toute sincérité.

Nous sommes encore bien loin, quoi qu'on en pense, d'être comme nos voisins les Anglais, rompus à la pratique des mœurs parlementaires. Les convulsions révolutionnaires de ces quatre-vingts dernières années ont été pour nous stériles en ce point comme en bien d'autres, et nos élections en tous genres, confisquées le plus souvent au profit de coteries intéressées, ont, excepté dans quelques circonstances solennelles, manqué de vérité et surtout de moralité.

La distinction essentielle entre l'initiative privée qui donne l'impulsion et l'action collective de la masse des électeurs, qui doit s'exercer librement par le vote, n'a pas été reconnue, que je sache, même théoriquement, dans aucune opération électorale. De là, une confusion des rôles, un pêle-mêle des attributions qui réjouissent les agitateurs, car elles ouvrent la porte aux surprises déloyales et aux usurpations coupables. Avec le suffrage restreint, les inconvénients de ce système étaient déjà grands, mais avec le suffrage universel ils deviennent intolérables.

L'oubli de ce principe étant général, on ne peut incriminer le comité de Chinon de l'avoir oublié à l'origine. On peut même invoquer à sa décharge une seconde circonstance atténuante.

Lors des élections du 8 février, par un accord tacite et courtois, il avait été convenu, comme je l'ai dit plus haut, d'attribuer deux députés à chacun des trois arrondissements sans tenir compte de la différence très-grande du nombre des électeurs. Ce droit ne fut point contesté en juillet. Il fut accueilli par le comité d'initiative de Tours avec cette seule restriction que le candidat présenté par Chinon serait acceptable et accepté par les comités électoraux régulièrement convoqués.

Les quelques habitants de Chinon qui, comme c'était leur droit, provoquèrent dès le mois de mai la formation d'un comité préparatoire, prirent le change sur ses attributions. Dévoués avant tout à la candidature de M. Calmon, et hostiles à celle de M. de Puységur, ils entreprirent de faire à eux seuls ce qui devait être le résultat d'une entente commune avec tout le département. Ils allèrent plus loin, et, dans leurs préoccupations exclusives, ils s'inquiétèrent uniquement des intérêts de la ville de Chinon, sans songer aux électeurs de la campagne. Ce ne fut qu'à leur seconde réunion que M. le marquis de Quinemont fit comprendre au comité Chinonais qu'il faisait fausse route, et que sous peine de s'agiter dans le vide, il devait s'adjoindre quelques délégués des cantons suburbains. Ce conseil fut mis en pratique pour la troisième réunion; mais le vice radical qui avait marqué la naissance de ce comité devait s'y perpétuer jusqu'à la fin.

Au lieu de s'effacer, comme l'avait fait le comité d'initiative de Tours, devant une réunion nouvelle, dont les membres, en grande majorité, avaient passé par le creuset de l'élection, le comité de Chinon se cramponna au pouvoir et imposa son ancien bureau qui ne tenait son mandat que de la minorité de l'Assemblée. Cette grave irrégularité occasionna des tiraillements, et une stérilité dont je parlerai plus loin.

Il n'en fut pas ainsi du comité d'initiative de l'arrondissement de Loches. Sous l'impulsion d'un membre zélé du comité d'initiative de Tours, quelques personnes de bonne volonté réunies chez l'une d'elles acceptèrent toutes les décisions prises le 27 mai, et le comité d'arrondissement, formé des mêmes éléments et appuyé sur les mêmes bases que celui de Tours, fut convoqué pour le 14 juin.

Ainsi les trois comités d'arrondissement devaient se réunir presque simultanément, à Chinon le 15, à Loches le 14, et à Tours le 17 juin.

Le choix de ces dates, avait été motivé par les jours de marché de chaque localité, et aussi pour que le comité de Chinon, se réunissant des premiers, pût user de son droit de présentation, et eût le temps de notifier aux autres ses préférences.

2me ACTE

COMITÉS D'ARRONDISSEMENT.

J'aurais maintenant à rapporter ce qui se passa dans ces trois réunions ; mais heureusement la personne de l'historien n'a qu'à s'effacer ici devant les documents authentiques, et je n'aurai qu'à transcrire les procès-verbaux des comités de Tours et de Loches. Il n'en a point été fait pour Chinon, ou du moins ils n'ont point été rendus publics.

J'y suppléerai brièvement par les dires des témoins oculaires.

Procès-verbal de la séance du comité électoral de l'arrondissement de Tours, du 17 juin 1871.

Le Comité s'est réuni le 17 juin 1871, à une heure, dans la salle de la Chambre de commerce de Tours, sur la convocation du comité d'initiative.

Le nombre des personnes présentes à la réunion est d'environ 95. M. Alfred Mame est nommé président par acclamation.

M. de Galembert expose que, le rôle du comité d'initiative étant terminé, l'assemblée doit se constituer sur la proposition du président. Des remerciements sont votés à l'unanimité au comité d'initiative pour l'œuvre utile qu'il vient de fonder. Il est procédé à la nomination du bureau, qui est ainsi formé :

MM. Alfred Mame, président ; Martin Abot, le

marquis de Beaumont, assesseurs ; de Galembert, Dormoy, secrétaires.

L'assemblée décide, sur la proposition de M. de Galembert, que les onze membres délégués par le comité d'initiative, ainsi que les représentants des deux journaux conservateurs de Tours, seront adjoints à l'assemblée, et jouiront des mêmes droits de vote que les autres membres.

M. de Galembert demande à exposer ce qui s'est passé aux comités de Loches et de Chinon. Le comité de Loches a nommé ses délégués, au nombre de dix, dont les noms sont proclamés. Quant au comité de Chinon, M. de Galembert déclare avoir entendu dire par des témoins oculaires, qu'il n'y avait eu, à la séance du 15 juin, aucun délégué nommé, que nul procès-verbal de la séance n'avait été dressé et que la réunion avait été consacrée à des conversations sur les candidatures proposées, mais sans qu'aucun vote de préférence fût intervenu.

L'assemblée passe à la nomination des delégués, qui, à raison d'un pour deux mille électeurs inscrits doivent être au nombre de vingt-cinq. La répartition en est faite entre les onze cantons, en proportion de leur population électorale. Il est décidé que ces délégués seront nommés et choisis séance tenante par les représentants présents de chaque canton, groupés entre eux. Il est procédé à ces nominations; elles donnent les résultats suivants, qui sont proclamés :

Délégués de l'arrondissement de Tours au comité central,

Pour le canton d'Amboise :

Électeurs inscrits, 4828. — MM. de Langlois, Pic-Paris.

Pour le canton de Bléré :

Électeurs inscrits, 5,038. — MM. Leblond, Gaillard, de la Motte.

Pour le canton de Châteaurenault :

Électeurs inscrits, 3,837. — MM. de Maupas, Guiot (Désiré).

Pour le canton de Château-la-Vallière :

Électeurs inscrits, 3,251. — MM. Renou, Boucart.

Pour le canton de Montbazon :

Électeurs inscrits, 4,731. — MM. Gabriel Renault, Alfred Delaville-le-Roulx.

Pour le canton de Neuillé-Pont-Pierre :

Électeurs inscrits, 2,661. — M. de Lavalette.

Pour le canton de Neuvy-Roi :

Électeurs inscrits, 2,698. — M. Nau.

Pour les cantons de Neuillé et Neuvy réunis afin de compléter le nombre qui leur est afférent :

M. le marquis de Beaumont.

Pour Tours ville :

Électeurs inscrits, 10,000. — MM. Alfred Mame, Paul Lesourd, Magaud-Viot, Chambert, de Galembert.

Pour le canton de Tours nord :

Électeurs inscrits, 4,217. — MM. Palustre, Blanchard.

Pour le canton de Tours sud :

Électeurs inscrits, 4,538. — MM. Hainguerlot. Raymond Roze.

Pour le canton de Vouvray :

Électeurs inscrits, 4,123. — MM. Diard, Meignan.

Sur la demande du comité de Loches, la réunion du comité central est fixée par l'assemblée au vendredi 23 juin, à une heure, dans la salle de la Chambre de commerce de Tours.

L'assemblée, informée que le comité de Chinon n'a pas nommé de délégués, décide que son président lui adressera une lettre pour lui transmettre l'expression de ses regrets et pour le prier de procéder à cette nomination sur les bases adoptées par les deux autres arrondissements.

Sur la proposition de M. Derouet, l'assemblée décide à l'unanimité qu'une fois l'élection terminée, le comité central des délégués restera constitué, et qu'il fonctionnera au besoin, soit comme comité d'initiative dans une élection nouvelle, soit comme centre d'action commune, si les circonstances l'exigeaient.

L'assemblée ne veut pas entrer dans la discussion des candidatures, et s'en remet à la sagesse du comité central pour la présentation d'un candidat capable de rallier, sous le drapeau de la modération et de l'ordre, les hommes de toutes les nuances d'opinion.

La séance est levée à trois heures.

Le Président,
Alfred Mame.

Les Secrétaires,
Comte de Galembert,
Dormoy.

Le lecteur me permettra d'arrêter son attention sur trois décisions importantes, consignées dans ce procès-verbal. Elles témoignent trop hautement de l'esprit de prudence, de loyauté et de patriotisme de l'assemblée, pour que je ne me croie pas suffisamment autorisé à en faire ressortir la gravité.

La première a trait aux membres du comité d'initiative. Bien que ce comité se fût dissous en tant que réunion préparatoire, il était nécessaire qu'il se survécût dans quelques-uns de ses membres, qui avaient spontanément accepté le rôle d'excitateurs dans le cercle de leur influence personnelle. Ainsi le comité, avant de se démettre, avait institué un membre par canton pour engager les maires et les conseillers municipaux à nommer leurs délégués. Avec l'apathie toujours très-grande des électeurs ruraux, cette mission n'était point une sinécure. C'est ce rouage provisoire, mais indispensable, qui assura l'efficacité des réunions. Ceux qui remplissaient cette fonction toute de dévouement avaient été à la peine, il était juste qu'ils fussent à l'honneur. Cependant, par un scrupule que les âmes droites comprendront, ils n'hésitèrent pas, à l'ouverture de la séance, à faire régulariser leur position par l'assemblée, qui seule à leurs yeux représentait légalement l'opinion de leurs concitoyens; ce qui eut lieu par un vote unanime, ainsi que pour les délégués des deux journaux conservateurs de Tours.

Ma seconde remarque portera sur la décision provoquée par l'honorable M. Derouet... : *qu'une fois l'élection terminée, le comité central des délégués restera constitué, et qu'il fonctionnera au besoin, soit comme comité d'initiative dans une élection nouvelle, soit comme centre d'action commune, si les circonstances l'exigeaient.*

Personne, à ma connaissance, n'avait songé à cette fonction importante à donner aux délégués du comité central. L'idée en surgit spontanément des nécessités de la situation, de l'esprit éminemment conservateur de la réunion, et du réveil de l'opinion provinciale (nous pouvons dire *française*) et décentralisatrice, avec laquelle les révolutionnaires parisiens devront désormais compter.

Cette résolution improvisée fut votée non pas seulement à l'unanimité, mais avec enthousiasme : ce qu'il est bon de constater, comme symptôme de la pensée intime du pays, quand il est interrogé avec ordre et sincérité. Et ce ne fut pas là une des moindres conséquences du désintéressement que le comité d'initiative avait apporté dans toute sa conduite. Non-seulement il avait trouvé le mode le plus sincère et le plus loyal de consulter l'opinion publique sur le choix d'un candidat; mais l'exemple de généreuse abnégation qu'il avait donné devait porter ses fruits en révélant l'importance du rôle modeste en apparence qu'il s'était attribué, précisant la nature des devoirs qui s'y rattachaient, faisant sentir par là le vide qu'il laissait après lui et mettant sur la voie du meilleur moyen pour y suppléer.

Je dois, en troisième lieu, faire remarquer qu'en

refusant de discuter les candidatures et en se contentant de les enregistrer pour en remettre le choix au comité central qui devait lui succéder, le comité d'arrondissement de Tours ne faisait pas seulement en cela un acte de désintéressement vrai, mais posait pour l'avenir un jalon précieux ; il définissait avec autorité les attributions spéciales dans lesquelles chaque réunion successive doit se renfermer si l'on veut mettre un peu d'ordre et de vérité dans le chaos du suffrage universel direct.

Après cela, qu'importe le succès numérique de l'élèction ? qu'importent des erreurs de détail que l'on peut reprocher aux organisateurs des comités électoraux ? qu'importe même la faiblesse dont ont fait preuve quelques-uns de leurs membres en faussant parole à leurs collègues et en portant à la dernière heure leur vote et leur influence sur des candidats secrètement préférés ? Tout cela est la conséquence trop évidente d'habitudes vicieuses, antérieures, et de la surprise que devait causer à l'esprit étroit de l'homme de parti la nouveauté d'un système qui, agissant au grand jour de la publicité, admettait toutes les opinions honnêtes, et proclamait la nécessité de faire céder les préférences personnelles devant la grande voix de la majorité.

Ce qui reste acquis désormais aux yeux des

hommes sincères, intelligents et véritablement amis de l'ordre, c'est qu'il existe un moyen facilement praticable de se réunir et de se concerter pour contrecarrer efficacement les tentatives anarchiques, d'où qu'elles viennent, d'écarter les compétitions aveugles, présomptueuses et immorales, et de se rencontrer au besoin debout et prêts à agir à l'appel des délégués de leur choix. Le principe est posé sur des bases éprouvées, il appartient au temps et à l'expérience d'en tirer les dernières conséquences en lui faisant subir les perfectionnements dont la pratique révèlera la nécessité.

Le comité réuni à Loches le 15 juin marcha d'un pas non moins assuré dans la voie ouverte par le comité d'initiative de Tours. On peut en juger par le procès-verbal suivant.

COMITÉ ÉLECTORAL DE L'ARRONDISSEMENT DE LOCHES

Le 14 de ce mois, à trois heures de l'après-midi, une assemblée nombreuse composée de plusieurs conseillers généraux et d'arrondissement, des maires ou des délégués des différentes communes de la troisième circonscription électorale du département d'Indre-et-Loire, se trouvait réunie à Loches, dans une maison de la rue Saint-Ours. Il s'agissait de former un comité électoral d'arrondissement destiné à coopérer, avec le comité central du département d'Indre-et-Loire, à la nomination d'un de nos futurs représentants à l'Assemblée nationale.

M. Migné, maire de Loches, que l'assemblée avait appelé à la présidence provisoire, après avoir exposé en quelques mots le but de la réunion et indiqué sommairement comment il pensait que le bureau dût être composé, et de quelle manière il devait être procédé à la nomination des délégués, a cédé la parole à M. le vicomte Martial de la Villarmois, délégué du comité d'initiative de Tours. M. de la Villarmois, dans une allocution où respire la plus entière franchise, et aussi remarquable par la forme que par l'élévation de la pensée, a développé le but de l'institution d'une manière si saisissante, que je ne puis mieux faire que de reproduire textuellement les paroles qu'il a prononcées :

« Messieurs,

« Quoique n'ayant pas l'honneur de faire partie de l'arrondissement de Loches, je suis venu cependant aujourd'hui assister à votre réunion, sur la demande qui m'a été faite par plusieurs d'entre vous, et, si vous voulez bien me le permettre, je vous parlerai au nom du comité d'initiative électorale du département qui s'est formé à Tours.

« Vous avez lu son programme, je n'ai rien à y ajouter; mais je tiens à affirmer devant vous, ce qu'il s'est proposé surtout : l'union de tous les gens d'ordre, à quelque parti qu'ils appartiennent, afin d'opposer une barrière infranchissable aux abominables tentatives de l'anarchie.

« Il y a trop longtemps, Messieurs, que notre pays est divisé et affaibli par les partis; que chacun ait ses idées, ses préférences pour telle ou telle forme de gouvernement, cela est un droit qui ne peut être contesté; mais avant tout, et par-dessus tout, il nous faut être « tous Français et travailler en commun à la grandeur et à la prospérité de notre chère patrie ».

« Voilà, Messieurs, ce qu'il nous faut faire, et, pour atteindre ce but si désirable et si désiré, l'union de tous est nécessaire.

« Jusqu'à présent, les élections ont eu lieu, vous le savez, soit sous la protection des candidatures officielles, soit sous celle de coteries habilement organisées, et la véritable pensée du pays a été ainsi trop souvent faussée.

« N'est-il pas bien plus juste, bien plus loyal, de s'adresser directement aux électeurs, de leur demander de choisir eux-mêmes, et, puis qu'il est impossible de les réunir tous dans un même lieu, de convoquer ceux à qui ils ont donné leur confiance, les conseillers généraux, les conseillers d'arrondissement, les maires ou les conseillers municipaux qu'ils viennent de choisir eux-mêmes?

« Votre réunion, telle qu'elle est composée aujourd'hui, est bien la vraie représentation de votre arrondissement; chacun de vous, Messieurs, doit connaître les idées de la commune qu'il représente, il en fera part au comité, et c'est de cet assemblage d'idées et de pensées diverses que sortira la vérité électorale.

« Permettez-moi de vous le dire : il me semble donc, Messieurs, que votre ordre du jour se trouve tout naturellement tracé de la manière suivante :

« 1° Composition de votre bureau et pour aujourd'hui et pour l'avenir.

« 2° Nomination, suivant le programme qui vous est adressé, d'un certain nombre de membres pour former à Tours le comité central;

« 3° Enfin, discussion des candidats qui se mettent sur les rangs pour remplacer M. le général Deligny, démissionnaire.

« Cette discussion éclairera ceux qui devront vous représenter au comité central, et qui seront ainsi vos fidèles mandataires.

« Messieurs, l'œuvre du comité d'initiative finit au moment où la vôtre commence. Je termine en me félicitant d'avoir été choisi pour vous apporter ces paroles d'union et de conciliation, si précieuses à tous les cœurs qui désirent le bonheur de la France. »

Ce programme de l'œuvre, si clair et si précis, ces paroles patriotiques qui répondaient si bien aux vœux légitimes de tous ceux qui aiment sincèrement leur pays, ont été accueillis avec la chaleur et l'enthousiasme qu'ils méritaient.

Dès lors, l'assemblée, comprenant le but du comité électoral de l'arrondissement, a procédé à la formation de son bureau.

Ont été élus :

Président, M. Migné, maire de Loches;

Vice-présidents, MM. Lebec, maire de Ligueil, conseiller général; Penot-Conti, propriétaire au château de Gaudru, commune d'Yzeures.

Membres : MM. de Gaullier de la Celle, propriétaire à la Celle-Guénand; Berlan, propriétaire à la Gironnerie, maire de Loché; Arnault, notaire à La Haye-Descartes, maire de La Haye.

Secrétaire, M. J. Archambault, avocat à Loches.

Puis, en vue des prochaines élections, on a procédé à la nomination des délégués qui devaient représenter l'arrondissement de Loches au comité central.

Ont été nommés :

1° Pour le canton de Loches, MM. Migné, maire de Loches ; le comte Octave de Menou, propriétaire au château de Coudray ; Picard Achille, avocat à Loches ;

2° Pour le canton de Ligueil, MM. Lebec, maire de Ligueil, conseiller général ; Boucher, notaire à Manthelan, conseiller d'arrondissement ;

3° Pour le canton de Preuilly, MM. Anatole Moreau, propriétaire à Preuilly ; Rabault père, propriétaire à Preuilly ;

4° Pour le canton du Grand-Pressigny, M. de Gaullier de la Celle, propriétaire à la Celle-Guénand ;

5° Pour le canton de La Haye, M. Arnault, notaire, maire de La Haye ;

6° Pour le canton de Montrésor, M. Raoul Duval, propriétaire au château de Marolles, commune de Genillé.

A cinq heures du soir, la séance étant levée, les membres de la réunion se sont séparés satisfaits de pouvoir participer dans l'avenir, à une œuvre vraiment utile.

Le Secrétaire du comité électoral
de l'arrondissement de Loches,

J. ARCHAMBAULT.

J'arrive à ce qui se passa le 15 juin au comité de

l'arrondissement de Chinon. Ici les documents écrits font complétement défaut. Non-seulement il ne fut pas publié de procès-verbal, mais aucune résolution ne fut prise, aucun vote ne fut émis, aucun délégué nommé. Nous avons vu dans le procès-verbal de la séance du comité d'arrondissement de Tours, que l'assemblée, émue de ce refus de concours, avait chargé son président d'écrire à son confrère du comité de Chinon, pour l'engager à faire nommer des délégués au comité central, dont la réunion était fixée au 23 juin.

Cette invitation toute courtoise et fraternelle donna lieu à la réponse suivante :

Chinon, le 18 juin 1871.

Monsieur le Président,

J'ai communiqué au comité électoral de Chinon, que j'ai réuni à cet effet, la lettre que vous m'avez fait l'honneur de m'adresser.

Le comité regrette vivement de ne pas se trouver en situation d'adresser une nouvelle convocation aux maires [1] de l'arrondissement.

[1] Il est à remarquer que, à la différence de ce qui s'était passé à Tours, le comité de Chinon avait convoqué directement les maires des communes. Le comité de Tours avait agi en ce point d'une façon plus large et plus libérale, en

Il me charge de remercier le comité de Tours de sa communication courtoise, et lui laisse le soin de faire dans l'arrondissement toutes les convocations qui lui sembleraient nécessaires.

Veuillez agréer, Monsieur le Président, l'assurance de mes sentiments les plus distingués.

Pour le Président du comité, empêché,
Le Vice-Président,

LAFON.

Malgré le peu de jours qui restait à courir jusqu'à la convocation du comité central, le bureau du comité d'arrondissement de Tours n'hésita pas à se mettre au lieu et place de celui de Chinon, et il chargea ses secrétaires d'adresser une lettre (voir aux pièces justificatives le n. 5) à MM. les conseillers généraux et d'arrondissement, ainsi qu'aux maires des chefs-lieux de canton.

Grâce au zèle de MM. les conseillers généraux, et à celui de quelques membres du comité d'initiative, cet appel produisit le résultat demandé, et

priant les maires de faire nommer leurs délégués sans désignation aucune par le conseil municipal, même en dehors de ce conseil, si bon leur semblait. Autre chose, en effet, est d'être apte à discerner les vrais intérêts d'une petite localité; autre chose, à juger les questions d'intérêt général.

les délégués, dont les noms suivent, vinrent le 23 juin à la réunion, munis des pièces qui constataient les pouvoirs dont leurs concitoyens les avaient investis :

Canton d'Azay-le-Rideau, MM. de Vonne, maire de Saché; Torterue, conseiller général.

Canton de Bourgueil, MM. Hervé, conseiller général; Orye, conseiller d'arrondissement.

Canton de Langeais, MM. Gally, conseiller d'arrondissement; Orfila.

Canton de Sainte-Maure, MM. Gouron, maire de Noyan; Chevalier, maire de Sainte-Maure.

Canton de Richelieu, MM. Froger, Grasset.

Les deux cantons de Chinon et de l'Ile-Bouchard n'envoyèrent pas de délégués.

Pour compléter le dossier des mesures préparatoires à la séance du comité central, je donne ici copie de la lettre de convocation, adressée à la main, à tous les délégués du département, lettre qu'ils devaient rapporter pour leur servir d'introduction à l'entrée de la salle de la Chambre de commerce de Tours.

Tours, 19 juin 1871.

Monsieur,

Le comité électoral d'arrondissement de Tours me charge de vous informer qu'il accepte avec empressement, pour la réunion des délégués au comité central, le jour qui a été proposé par le comité de Loches. Cette réunion est donc fixée au vendredi 23, à une heure, dans la salle de la Chambre de commerce de Tours, rue Saint-François-de-Paule.

Cette lettre servira de carte d'entrée.

Veuillez agréer, etc.

L'un des secrétaires.

3e ACTE

COMITÉ CENTRAL

Le 23 juin, au jour et à l'heure indiqués, plus de quarante délégués du département se pressaient aux abords de la salle de la Chambre de commerce.

Comme je l'ai fait précédemment, je laisse la parole au procès-verbal de cette mémorable séance.

COMITÉ CENTRAL ÉLECTORAL D'INDRE-ET-LOIRE

Séance du vendredi 23 *juin* 1871.

La séance est ouverte à une heure ; siégent provisoirement au bureau : M. Alfred Mame, président, et M. de Galembert, secrétaire du comité d'arrondissement de Tours.

M. le Secrétaire fait l'appel des membres.

Sont présents :

Pour l'arrondissement de Tours, MM. le marquis de Beaumont, Blanchard, Boucard, Chambert, Delaville-le-Roulx, Diard, Diot, de Galembert, Hainguerlot, de Langlois, de Lavalette, Leblond, Paul Lesourd, Magaud-Viot, Alfred Mame, de Maupas, Meignan, de la Motte, Nau, Paillard-Cochard, Palustre, Pic-Paris, Renaud, Raymond Roze.

M. Renou, l'un des délégués de Château-la-Vallière, est seul absent.

Pour l'arrondissement de Loches, MM. Arnault, Boucher, Raoul Duval, Gaullier de la Celle, Lebec, le comte de Menou, Migné, Anatole Moreau, Rabaud.

M. Picard, l'un des délégués de Loches, est seul absent.

Pour l'arrondissement de Chinon, MM. Chevalier, Gally, Gouron, Grasset, Hervé, Orfila, Orye, Torterue, de Vonne.

En tout, quarante-deux membres présents.

M. Alfred Mame donne connaissance à l'Assemblée de la résolution prise unanimement par le comité d'arrondissement de Tours, de conserver les délégués composant le comité central, comme comité d'initiative, jusqu'aux prochaines élections, en vue de provoquer, au besoin, la réunion du comité d'arrondissement de Tours. Il propose d'étendre cette mesure aux trois arrondissements du département, et, comme conséquence, de composer le bureau comme suit :

Un président;

Deux vice-présidents appartenant aux comités de Loches et de Chinon;

Quatre assesseurs et deux secrétaires.

Cette proposition, mise aux voix, est votée à une grande majorité.

Des réserves sont faites par plusieurs délégués de 'arrondissement de Chinon, ne s'estimant pas suffisamment autorisés par leur délégation, dans les circonstances où elle a eu lieu, pour engager l'avenir.

Les délégués de Loches, à l'unanimité, ont déclaré adhérer à la proposition votée.

Sont nommés :

Président, M. Alfred Mame;

Vice-présidents, MM. Migné, pour Loches; Torterue, pour Chinon.

Assesseurs, MM. Magaud-Viot, marquis de Beaumont, Lebec, Gally.

Secrétaires, MM. de Galembert, Paul Lesourd.

M. le Président propose de dresser la liste des candidats qui se présentent, ou que les membres de la réunion auraient à patronner.

Il donne lecture de deux lettres, l'une de M. le comte de Puységur, l'autre de M. Calmon, et d'une circulaire de M. Dormoy.

Des membres de l'assemblée annoncent comme se produisant les candidatures de :

MM. Raymond Roze ; Jules Taschereau ; Raoul Duval ; général Ladmirault ; Desplanques.

M. Raoul Duval expose qu'au moment de la convocation électorale, un certain nombre d'électeurs du département l'avaient engagé, en raison des 27,000 suffrages qu'il avait obtenus aux dernières élections, à poser sa candidature ; à ces avances il a répondu que dans sa pensée, quoique le député à nommer soit un député départemental, on devait tenir compte, dans une mesure légitime, de la représentation déjà existante par arrondissement. L'arrondissement de Loches, composé de six cantons, ayant actuellement deux députés siégeant à l'Assemblée nationale, il était désirable que cette proportion, toute de courtoisie, fût maintenue au profit des dix-huit cantons composant les arrondissements de Chinon et de Tours ; que les noms honorables mis en avant offraient toute latitude au choix du comité central, et qu'il ne pouvait, en exprimant toute sa reconnaissance, que décliner à nouveau l'honneur qu'on voulait bien lui faire.

M. Raymond Roze, qui n'avait pas à l'avance

posé sa candidature, la voyant prise en considération, se retire de la salle des délibérations.

M. le Président ouvre la discussion sur les candidatures. Après diverses observations, l'assemblée décide qu'il sera procédé à deux scrutins secrets, l'un ayant pour objet de classer les candidatures suivant les sympathies de la majorité, l'autre, définitif, portant seulement sur les deux noms qui auront réuni le plus de voix ; au premier scrutin, chaque votant pourra mettre sur son bulletin un nombre indéterminé de noms.

Résultat du 1er scrutin. — 41 votants.

MM.	Raymond Roze obtient	31 voix.
	Calmon,	21
	Le comte de Puységur,	11
	Taschereau,	3
	Dormoy,	2
	Général Ladmirault,	2
	Raoul Duval	2
	Desplanques,	1
	Guinot,	1
	Bulletin blanc,	1

La discussion s'ouvre à nouveau sur les candidatures de MM. Raymond Roze et Calmon.

Après l'échange de différentes appréciations, la clôture de la discussion, mise aux voix, est adoptée, et l'on passe au scrutin secret définitif.

Votants : 41.

MM.	Raymond Roze obtient	24 voix.
	Calmon,	16
	Bulletin nul,	1
	Total	41

M. Raymond Roze est proclamé candidat du comité électoral d'Indre-et-Loire. Le bureau est chargé de prendre les mesures nécessaires pour porter cette décision à la connaissance des électeurs et assurer le résultat du vote.

La séance est levée à quatre heures.

Pour le comité central électoral d'Indre-et-Loire,

Signé :

L'un des Secrétaires, *Le Président,*

Comte DE GALEMBERT. A. MAME.

Après cette séance, où tout s'était passé dans l'ordre le plus parfait, et quelle que fût l'issue du scrutin définitif, le but éminemment loyal et patriotique que le comité d'initiative de Tours s'était proposé était atteint.

Une organisation établie sur les bases les plus larges, donnant le moyen d'interroger successivement l'opinion des électeurs de la commune au canton, du canton à l'arrondissement, et de ce dernier au chef-lieu, offrait, en dehors des agissements clandestins des coteries, un terrain neutre d'entente et de conciliation capable de rallier en un faisceau les hommes d'ordre et de paix.

Le nom d'un candidat recommandable par toute une vie de travail et de dévouement était sorti de l'urne préparatoire et, il faut le dire hautement, avant que l'heure de la calomnie et de l'intrigue eût sonnée, ce nom fut accueilli dans tout le département avec une faveur marquée.

Mais, quelque bonne et convenable que fût cette organisation, elle ne pouvait tout faire. C'était aux électeurs à se garder contre les entraînements des derniers jours. Les candidats [1] non agréés par le comité central et leurs adhérents ne devaient pas se regarder comme battus, tant qu'il restait une heure pour agiter la matière électorale. Les petites ambitions personnelles n'avaient pu se faire jour parmi les divers délégués; aussi, nous le disons avec regret, quelques-uns de ces derniers, même parmi ceux qui avaient accepté de faire partie des bureaux des comités ne se crurent pas liés d'honneur par leur participation aux divers actes de ces réunions, et, après avoir essayé, comme ils en avaient le droit, de faire triompher ostensiblement leurs patronnés, ils combattirent à outrance le candidat du comité central.

[1] Voir aux pièces justificatives, nos 6, 7 et 8, les proclamations de MM. Dormoy, de Puységur et Desplanques.

Aussi le scrutin définitif du 2 juillet donna un résultat tout à fait imprévu, et dont il est bon de consigner ici les chiffres officiels.

RÉSULTAT DE L'ÉLECTION DU 2 JUILLET DANS CHAQUE CANTON

ARRONDISSEMENT DE TOURS

	Inscrits.	Votants.	Guinot.	Roze.	Calmon.	de Puységur.
Amboise	4,882	3,777	3,508	117	103	32
Bléré	5,157	3,192	2,577	338	227	16
Châteaurenault	3,751	2,349	1,524	277	481	16
Château-la-Vallière	3,286	1,948	1,272	303	272	39
Montbazon	4,455	3,086	2,039	649	272	76
Neuillé-P.-Pierre	2,609	1,701	994	381	289	13
Neuvy-le-Roy	2,630	1,477	667	545	99	66
Tours centre	9,995	6,065	4,026	1,062	746	184
Tours nord	3,900	2,369	1,253	577	367	25
Tours sud	4,328	2,602	1,692	746	135	12
Vouvray	4,050	2,816	2,183	463	143	49
ARRONDISSEMENT DE LOCHES.						
Lahaye-Descartes	2,646	1,502	985	320	53	154
Ligueil	2,898	1,716	634	782	199	96
Loches	5,175	3,146	2,196	599	245	78
Montrésor	2,706	1,478	715	314	220	209
Le Grand Pressigny	2,610	1,649	738	636	95	68
Preuilly	2,903	1,736	1,700	540	44	59
ARRONDISSEMENT DE CHINON.						
Azay-le-Rideau	4,189	2,304	1,538	198	350	138
Bourgueil	4,730	2,710	1,147	110	1,359	76
Chinon	5,423	1,678	1,082	603	805	137
Ile-Bouchard (l')	2,914	1,871	1,208	204	311	127
Langeais	3,903	2,780	744	283	637	53
Maure (Sainte)	2,857	1,587	1,031	267	233	23
Richelieu	3,734	2,128	654	661	686	117
Totaux	95,731	57,667	35,377	10,975	8,371	1,893

Je ne ferai qu'une remarque sur les chiffres ci-dessus, c'est que si on ajoute aux 10,975 voix de M. Raymond Roze les 1,923 de M. de Puységur, on obtient un total de 12,898 voix, qui représente exactement la proportion des suffrages obtenus à deux reprises par M. Roze aux scrutins du comité central en opposition avec M. Calmon, c'est-à-dire les deux tiers. J'en conclus que la majorité du comité central représentait bien réellement l'opinion exclusivement conservatrice-libérale du département.

Ce n'est pas à dire, toutefois, qu'une quantité notable de conservateurs plus ou moins éclairés n'aient porté leurs voix sur les deux autres candidats. On peut affirmer que la totalité des votes acquis à M. Calmon, et même une bonne partie de ceux de M. Guinot, ne doivent être mis au compte de l'opinion conservatrice libérale; mais il ne faut pas oublier qu'il s'agit ici d'électeurs français du XIXe siècle, faisant partie d'une société affolée par quatre-vingts ans de révolutions successives et chez lesquels la distinction du bien et du mal est profondément obscurcie.

Comme ces matelots qui dans le calme trompeur d'une navigation aventureuse se mettent à blasphémer en riant le Dieu et les saints qu'ils invoquaient avec désespoir pendant la tempête, beaucoup de nos compatriotes, se disant conservateurs, après s'être, il y a vingt ans, jetés, pieds et poings liés, dans les bras de Napoléon III, après avoir, plus récemment, voté au scrutin de février, avec un ensemble digne d'éloges pour les personnes les plus honorables, sans s'inquiéter, outre mesure, s'ils étaient entachés de *cléricalisme*, de *monarchisme* ou d'*aristocratie*, ces mêmes hommes, après six mois à peine révolus, semblent avoir oublié leurs récentes anxiétés, et, dès que le ciel devient moins menaçant, s'abandonnent d'un cœur léger à la tyrannie des préjugés, des jalousies étroites, des passions subversives qui entretiennent les divisions et préparent infailliblement la décadence et la ruine de notre société française.

Est-ce la perspicacité, est-ce la bonne volonté qui nous manque? Ni l'une ni l'autre, mais la conscience rassise et le sens moral et politique, pervertis tous deux par l'exemple trop fréquent du succès des méchants et du triomphe des aventuriers.

On se dit conservateur, comme on se dit honnête, lorsqu'on n'a ni tué, ni volé de l'argent, ni conspiré ostensiblement. Mais la conscience d'où l'œil de Dieu est absent se laisse facilement glisser sur la pente des convoitises qui nous sont chères. Tel qui ne prendrait pas un sou trompera, sans se troubler, sur la qualité et la quantité de la marchandise vendue.

Tel qui respectera la propriété du voisin ne se fera aucun scrupule de débaucher sa femme, ou de détruire sa réputation par la calomnie.

L'habitude des indélicatesses dans la vie privée, des compromis incessants avec le devoir, se retrouve dans la vie publique, abaisse les caractères, abâtardit une nation; et lorsque le venin, s'épanchant comme une tache d'huile, s'est infiltré de la Cour à la ville, de la capitale aux grandes agglomérations urbaines, et lorsque, tout autour de celles-ci, la corruption a rayonné jusque dans les campagnes, les ténèbres étendant leur ombre mortelle s'épaississent avec une effrayante rapidité; et si le peuple, rebelle aux avertissements de la Providence, ne se retrempe pas au jour de l'épreuve dans les eaux salutaires des vérités morales et religieuses, il ne sortira d'un mauvais pas que pour tomber dans un autre, jusqu'au moment fatal où ses destinées s'accompliront pour l'instruction des nations voisines.

4me ACTE

DÉNOUMENT

Ces réflexions peu consolantes me sont suggérées par le dernier acte du drame électoral dont j'ai entrepris l'histoire.

Jusqu'ici nous n'avons assisté qu'aux préparations nécessaires à toute décision réfléchie, à tout acte grave et consciencieux. Nous avons vu le fonctionnement régulier des divers comités s'échelonnant par élection successive. L'esprit de parti, la passion ont pu déterminer l'impulsion première; mais ils se sont effacés à temps devant la modération et la justice, sources de tout jugement équitable.

Si l'on veut bien se reporter aux principes déduits précédemment qui tendent à faire distinguer le *vote* de l'*acclamation*, on comprendra qu'il y avait désormais peu de chose à faire pour assurer la sincérité d'une véritable élection, et sanctionner la sagesse des mesures préparatoires adoptées.

Comment se fait-il que le contraire ait eu lieu, et que l'élection imprévue de M. Guinot ait eu tous les caractères d'une *acclamation*, ni plus ni moins que les plébiscites de l'Empire? Les faits subséquents nous expliqueront peut-être ce mystère; mais en tous cas ils seront la confirmation des principes énoncés dans le cours de ce travail, principes que je recommande à l'attention de nos législateurs en prévision de la future loi électorale.

Comme je l'ai fait précédemment, c'est avec les actes officiels, placards et proclamations des candidats, que je vais écrire ce quatrième acte de l'élection du 2 juillet. Mais les procès-verbaux des comités de la dernière heure manquent absolument; et tandis que nous avons pu jusqu'à ce moment suivre au grand jour de la publicité les agissements des comités réguliers, nous allons être obligés de cheminer souterrainement à la suite de ceux qui leur ont succédé.

Le comité central de Tours s'était séparé le 24 juin, laissant à une commission prise dans son bureau le soin d'assurer le résultat de son vote en faveur de l'honorable M. Raymond Roze. Celui-ci avait immédiatement adressé aux électeurs la circulaire suivante :

Aux électeurs du département d'Indre-et-Loire,

Messieurs,

Le comité central du département vient de me désigner à vos suffrages comme candidat à la députation.

Cet honneur, que je n'avais nullement sollicité et que je dois à l'initiative de plusieurs membres du Comité, m'impose le devoir de m'adresser à vous pour vous exposer mes principes.

Je suis connu d'un grand nombre d'entre vous. Enfant de la Touraine, je ne l'ai jamais quittée. Étranger à tous les partis politiques, sans aucune ambition personnelle, j'ai, suivant la tradition de mes pères, servi mon pays dans les différentes fonctions publiques auxquelles m'a appelé la confiance de mes concitoyens.

Manufacturier, ma longue expérience des affaires pourra me permettre de représenter plus spécialement l'industrie et le commerce dans la députation de notre département; ayant passé ma vie au milieu des ouvriers des villes et de la campagne, j'appuierai toutes les mesures propres à améliorer le sort du plus grand nombre.

Les douloureux événements dont la France a été la victime, les désastres accumulés par la guerre étrangère et par l'insurrection de Paris exigent des remèdes prompts et radicaux.

Ce n'est pas trop du concours de tous les hommes honnêtes et éclairés de toutes les opinions, pour cicatriser les blessures profondes du pays, désarmer le désordre, assurer pour l'avenir la paix publique et fermer ainsi l'ère des révolutions; réorganiser l'armée, ranimer le travail et relever le niveau moral de la nation, telle est la tâche qui s'impose à tous les dévouements.

Il est encore nécessaire d'opérer une vaste décentralisation, et de donner une importance réelle à la vie politique en province.

Si vous m'honorez de vos suffrages, je suivrai le programme du grand patriote qui est à la tête du pouvoir exécutif, les questions constitutionnelles ne devant être abordées que lorsque les lois réparatrices auront été établies.

Je n'ai, du reste, d'autre ambition que de me joindre à la députation de notre département, dont l'attitude à la fois ferme et modérée est appréciée par tous, de m'inspirer de ses sentiments dans toutes les questions importantes, et de reconnaître ainsi l'appui que, tout entière, elle veut bien donner à ma candidature.

Veuillez agréer, Messieurs, l'expression de mes sentiments tout dévoués.

RAYMOND ROZE.

A la même date, paraissaient trois autres circulaires. Deux d'entre elles provenaient de candidats évincés par le comité central, et la troisième d'un candidat nouveau, M. Guinot, maire d'Amboise, le futur lauréat de l'élection.

Voici la circulaire de M. Guinot :

Messieurs les électeurs,

Je viens solliciter vos suffrages pour remplir à l'Assemblée nationale la place laissée vacante par la démission de M. le général Deligny.

Mon unique désir serait de travailler à cicatriser, avec mes collègues, les plaies de notre chère patrie.

La ligne de conduite que je tiendrais à l'Assemblée, si j'avais l'honneur de vous représenter, serait celle d'un député loyal, pur de toute ambition personnelle et animé d'un sincère amour du bien public.

Je consacrerais surtout mes efforts à relever mon pays de la défaillance passagère qu'il vient d'éprouver, et à rétablir le crédit national ébranlé par une guerre désastreuse, en provoquant dans nos finances de larges réformes qu'un gouvernement populaire peut seul accomplir.

J'appuierais le pouvoir exécutif, bien persuadé que c'est dans la stabilité et le perfectionnement de nos institutions, et non dans des compétitions dynastiques sans cesse renaissantes, que nous devons chercher le salut du pays et la fin des douloureuses épreuves que nous venons de subir.

Aussi si vous m'envoyiez à la Chambre, je demanderais la prorogation des pouvoirs du gouvernement actuel, et je suis convaincu que plus tard, lorsqu'une Assemblée constituante sera nommée pour établir définitivement nos institutions, elle adoptera la forme républicaine, qui répond le mieux à l'esprit des sociétés modernes, et qui peut seule, appliquée par des hommes honnêtes et modérés, fermer à tout jamais l'ère des révolutions.

Recevez, Messieurs, l'assurance de mon entier dévouement.

CHARLES GUINOT,

Maire d'Amboise.

Amboise, le 25 juin 1871.

Il y a de tout dans cette proclamation, qu'on peut qualifier d'habile. Il y a de l'honnêteté, de la modération et même une certaine bonhomie. Il y a un hommage rendu aux opinions conservatrices, d'une part, et un appoint promis aux opinions révolutionnaires, de l'autre ; il y a un coup de pied aux compétitions dynastiques et une adhésion catégorique à la forme républicaine. Enfin, bien que M. Guinot ne le dise pas d'une façon claire et précise, on pourrait augurer peut-être qu'il préfère la république de M. Thiers à celle de M. Gambetta s'il ne déniait à l'Assemblée souveraine tout droit à constituer quelque chose. A ce dernier point de vue, qu'il le sache ou qu'il l'ignore, M. Guinot est révolutionnaire. Il n'ira pas à la *montagne*, mais il se rangera parmi ces hommes de la *plaine*, qui, par ignorance ou par mollesse, laissent faire le mal qu'ils pourraient empêcher.

Les votes de M. Guinot nous diront, dans un avenir prochain, si ce pronostic tiré de l'esprit de sa proclamation à double fin est ou n'est pas exact.

Cependant cette proclamation faite *in extremis* n'aurait pas suffi à assurer le triomphe de son auteur, en dehors de son canton, où, à juste titre, il est très-estimé, si un secours énergique ne lui était venu d'autre part, cemme nous allons le raconter.

Faire à l'union de tous le sacrifice de ses idées personnelles, resserrer en un faisceau unique toutes les opinions modérées, régulariser les mesures préparatoires destinées à éclairer le choix des électeurs, opérer au grand jour au lieu de pratiquer clandestinement sous le manteau de la cheminée, substituer une enquête collective publique à l'action occulte de quelques faiseurs, tel avait été le but poursuivi, avec une persévérance digne du succès, par les promoteurs des divers comités dont nous avons exposé les agissements.

On pouvait espérer que l'abnégation, la loyauté, le patriotisme éclairé qui avaient prévalu au vu et au su de tout le monde dans une organisation dont le suffrage nniversel lui-même était la base, rallieraient les dissidents, électriseraient les indifférents, et ne trouveraient d'opposition que de la part de quelques esprits inquiets ou de certains égoïstes excessifs. Il n'en fut rien cependant, et le 1er juillet, veille de l'élection, le *Journal d'Indre-et-Loire* contenait la déclaration suivante, placardée le lendemain matin dans toutes les communes du département :

Messieurs les électeurs,

Nous, soussignés, plus que jamais partisans de la candidature de M. Calmon, croyons devoir, au moment où le scrutin va s'ouvrir, faire publiquement connaître et nos sympathies et les motifs de notre choix.

Étrangers à toute coterie, répudiant toutes les candidatures extrêmes, à quelque nuance qu'elles appartiennent, persuadés que, dans le moment décisif et solennel où nous sommes, un appui donne sans arrière-pensée à l'homme éminent qui vient de nous sauver est tout à la fois et un devoir de reconnaissance et notre véritable planche de salut ;

Nous voterons pour M. Calmon, propriétaire à Châteaurenault, ancien député, sous-secrétaire d'État au ministère de l'intérieur, que va d'ailleurs acclamer à une grande majorité l'arrondissement de Chinon, parce que, rompu depuis longtemps à la pratique des affaires, capable et indépendant, il représente, selon nous, mieux que personne, les idées sincèrement libérales et conciliatrices qui sont aujourd'hui dans le cœur de tous ceux qui dédaignent les questions de personnes pour ne voir que les intérêts du pays.

Suivent vingt-six signatures. Voir le *Journal d'Indre-et-Loire* du 1er juillet 1871.

Cette proclamation, qui n'était, comme le disait *l'Union libérale* du 30 juin, qu'une obstination maladroite, n'a profité à M. Guinot qu'en divisant les voix du parti conservateur. Même à ce point de vue elle n'eût été qu'un coup d'épée dans l'eau sans l'intervention imprévue autant que décisive du *factum* suivant, placardé le matin de l'élection dans toutes les communes du département.

Comme il est évident que cette manœuvre SOUTERRAINEMENT combinée a assuré le triomphe du candidat mi-parti conservateur, mi-parti révolutionnaire, elle mérite toute notre attention.

COMITÉ ÉLECTORAL DE LOCHES.

Électeurs,

Si vous voulez Henri V et l'ancien régime, prenez pour député M. le comte de Chastenet de Puységur.

Si vous voulez le rétablissement du pouvoir temporel du pape, c'est-à-dire une guerre prochaine avec l'Italie, nommez M. Raymond Roze.

Si, au contraire, vous voulez le maintien du gouvernement actuel, c'est-à-dire fermer l'ère des révolutions ; si vous voulez comme nous, l'ordre dans la liberté, votez avec nous pour M. Charles Guinot, homme du peuple et travailleur comme nous.

Pour la réunion électorale de Loches, les délégués :

Le Bavillier, propriétaire à Genillé, ancien constituant, président. — Delaporte père, avocat à Loches. — Térouanne (Eugène), propriétaire à Loches. — Grenouilleau, avoué à Loches. — Boutet-Vernier, propriétaire à Loches. — Mardelle, négociant à Loches. — Bluteau, négociant à Loches. — Mahoudeau, négociant à Loches. — Monticot, propriétaire à Loches, conseiller municipal de Loches. — Blet et Péculier, propriétaires et conseillers municipaux à Beaulieu.

Loches, le 29 juin 1871.

Il y a trois choses à considérer dans cette proclamation, courte autant que décisive : 1° les auteurs et la nature de la mission qu'ils se donnent ;

2° les moyens dont ils se servent ; 3° l'effet produit sur la masse des électeurs auxquels ils s'adressent.

1° Je ne connais aucune des personnes signataires du placard ci-dessus, et il est bien entendu que je mets en dehors de ce qui va suivre l'honorabilité de leur vie privée. Je ne la nie ni ne l'affirme, je l'ignore. Mais en affichant leurs noms au bas d'une proclamation publique, ces messieurs ont fait acte d'hommes politiques ; cet acte appartient à l'histoire, et c'est en historien que je le rapporte et que je le juge.

Il faut remarquer d'abord que, contrairement à ce qui s'est passé pour les comités réguliers, le comité de Loches n'a point initié le public à sa formation et aux décisions prises dans ses séances. Il est possible qu'il y ait eu des réunions préparatoires ; il est possible aussi qu'il n'y en ait point eu, et que le *factum* précité, éclos dans le cerveau d'un tacticien versé dans la chicane, ait été simplement colporté de maisons en maisons, jusqu'à ce qu'il ait réuni le nombre assez restreint de douze signatures.

Il est vrai que ces messieurs s'intitulent : délégués pour la réunion électorale de Loches. Mais, en l'absence de tout procès-verbal, on peut se demander quelle est la valeur de cette délégation.

Par qui a-t-elle été faite ? dans quelles conditions de publicité ? etc. Profonds mystères dont nous n'essaierons pas de soulever le voile. Dans l'ignorance de ce qui s'est fait réellement, nous ne pouvons nous arrêter qu'aux apparences. Or, à en juger par les dehors, le comité de Loches était un comité d'initiative, composé seulement de quelques intimes qui, loin de songer à faire le sacrifice de leurs préférences dans l'intérêt général, se sont coalisés secrètement pour en assurer le succès par tous les moyens possibles.

Comme circonstance atténuante, il est juste de dire que la distinction entre l'impulsion première, qui est le droit de chacun, et la constitution patente et avouée d'un comité de conciliation pour fondre les nuances d'opinion dans une action commune, est chose inusitée en France.

Depuis l'ouverture de l'ère parlementaire, sous les Bourbons des deux branches, la loi générale est le comité occulte recevant le mot d'ordre d'un comité plus occulte encore, siégeant à Paris. On peut conjecturer par ce qui s'est passé dans plusieurs départements, à propos de l'élection du 2 juillet, par la similitude des moyens employés, par les violents articles des journaux préparant les voies à des placards analogues à celui que nous examinons, qu'une mesure générale a été prise par un comité révolutionnaire quelconque, et que le comité de Loches n'a fait que suivre ses inspirations. Il a suffi pour cela qu'un seul membre fût affilié à quelque centre d'action anarchique, parisien, dont les autres ont été dupes. Mais, dupes ou instigateurs, il y a entre eux tous solidarité de doctrine et responsabilité commune en ce qui regarde les moyens employés dont nous allons maintenant apprécier la moralité.

2° Le lecteur voudra bien se rappeler les arguments de la thèse que nous avons présentée à plusieurs reprises dans le cours de ce travail sur les conditions essentiellement différentes du *vote* en opposition avec l'*acclamation plébiscitaire* : le premier, devant être le résultat d'un jugement réfléchi, fondé en raison ; la seconde, au contraire, produit d'un enthousiasme instinctif, irréfléchi, où la passion seule est en jeu. L'acclamation a été de tout temps un moyen de domination à l'usage des hommes plus préoccupés de leur grandeur personnelle que de la prospérité de la nation qu'ils étaient appelés à gouverner. Rois ou empereurs, dictateurs ou tribuns, en ont fait à tour de rôle un instrument de règne pour arriver au pouvoir ou pour s'y maintenir. Qu'un Tibère s'appuie sur ses prétoriens, un Robespierre sur ses hordes jacobines, c'est toujours par un appel aux convoitises, et par la promesse de les satisfaire, qu'ils assurent leur prépotence.

Le comité directeur, démagogue ou socialiste, dont celui de Loches a reçu le mot d'ordre, a dû voir avec horreur la marche régulière des comités conservateurs d'Indre-et-Loire. Le calme dans les jugements, la maturité dans les décisions, ne sont pas du goût des pêcheurs en eau trouble. Le spectacle de la concorde entre les citoyens, de la fusion des opinions divergentes, l'appel à la raison et à l'union de toutes les classes ne font point l'affaire de ces Messieurs. Ils s'en irritent, et tous les moyens leur sont bons pour jeter la division entre ceux qui se tendaient la main, et, touchés des douleurs de la patrie, oubliaient leurs sentiments personnels pour se rapprocher par un accord fraternel.

Parmi ces moyens, il en est un qui, pourvu qu'il soit employé en temps voulu, réussit infailliblement auprès d'un peuple dont le sens moral est affaibli par les révolutions incessantes ; c'est la calomnie, qui surexcite les passions en oblitérant le jugement. Mais, comme la passion n'a qu'un effet passager, que la raison peut, par un retour imprévu, reprendre ses droits et déranger les combinaisons des agitateurs, les chefs recommandent bien à leurs séides de ne démasquer leurs batteries qu'au dernier moment, de manière que leurs dupes n'aient pas le temps de la réflexion, et leurs victimes celui de répondre à leurs attaques.

Voilà tout le secret du placard calomnieux affiché dans toutes les communes du département dans la nuit qui précéda l'élection.

Est-il nécessaire de prouver que ce factum est un tissu de mensonges, une excitation à la haine des citoyens les uns contre les autres, un piége à l'ignorance des faibles, un appel aux passions et aux préjugés dominants; en un mot, une machine de guerre fabriquée, non pas pour fermer l'ère des révolutions, mais bien pour la perpétuer ? A quel niveau de conscience obscurcie et d'abaissement intellectuel quelques-uns parmi nous sont-ils descendus, pour afficher des prétentions à l'ordre et à la liberté, tout en fomentant la discorde ; pour inscrire d'une main assurée le grand mot *ordre*, en brandissant de l'autre la torche des incendiaires ! Ah ! messieurs les signataires du factum lochois, vous ne vous doutiez pas, j'aime à le croire, qu'au lendemain de votre appel aux passions subversives, un homme se trouverait pour prendre à la lettre vos excitations, et, les mettant en pratique, assassinerait un noble et un prêtre, au nom de votre ordre et de votre liberté [1].

Mais n'anticipons pas sur les événements, et pressons dans ses détails la proclamation du susdit comité, pour en exprimer tout le venin.

Je remets sous les yeux du lecteur le premier paragraphe : *Si vous voulez Henri V et l'ancien régime, prenez pour député M. le comte de Chastenet de Puységur.*

Pour qui n'ignore pas absolument l'histoire, le caractère le plus marqué, le plus constant et le plus général de la décadence d'une société, est le mépris des ancêtres. Par contre, le signe infaillible de toute civilisation et de tout progrès est le respect des personnes et des traditions de ceux qui nous ont précédés. Recueillir et s'assimiler le résultat des travaux des générations antérieures, est le premier effort d'un esprit droit qui prétend ajouter quelque chose de son propre fonds à la somme des connaissances accumulées avant lui. C'est là la marche obligée de toute science, de tout art, et même de tout métier. Par une conséquence logique, le respect des ancêtres est la source d'où découlent nécessairement toute hié-

[1] Voir aux pièces justificatives, nº 9, le récit de l'assassinat de M. de Vonne, maire, et de M. Lucas, curé de Saché.

rarchie et toute paix sociales, et, par contre, le mépris de nos prédécesseurs, de *l'ancien régime*, comme on dit dédaigneusement aujourd'hui, est le drapeau même de la révolution et la cause directe de la décadence et de l'instabilité de notre société française moderne.

Les phrases banales qui *ferment l'ère des révolutions*, les mots précieusement soulignés de *paix* et de *concorde*, ne trompent que les sots. Que ce soit par ambition ou par ignorance, par compétition passionnée ou par abrutissement, tout homme qui affiche d'une manière absolue et sans restriction le mépris des ancêtres, est l'ennemi de tout progrès, un fauteur de désordre, et partant un révolutionnaire. Nos habiles ne s'y trompent pas. Le moyen leur a trop souvent réussi depuis quatre-vingts ans pour qu'ils le mettent en oubli. C'est avec ce levier qu'ils agitent de temps à autre les bas-fonds de la société, pour faire remonter à la surface la vase infecte des corruptions urbaines. La petite mare lochoise a été troublée à l'aide de ce premier engin. Le second, non moins efficace en ce temps d'irréligion et d'impiété, est la haine de Dieu se manifestant par la boue jetée à la face du prêtre.

Je reproduis la phrase anodine, en apparence, destinée à produire l'effet demandé :

Si vous voulez le rétablissement du pouvoir tempo-

rel du pape, c'est-à-dire une guerre prochaine avec l'Italie, nommez M. Raymond Roze.

Il y a dans cette courte phrase bien des sous-entendus, bien des équivoques, bien des affirmations gratuites, bien des suppositions malveillantes, mais juste à la dose nécessaire pour égarer les esprits simples et timides. Elle est la quintessence habilement distillée des articles quotidiens des journaux révolutionnaires, auxquels *Le Siècle* donne le ton. Elle a de plus l'avantage de rallier les opinions extrêmes auxquelles la lecture habituelle de ces journaux permet de voir, entre les lignes, ce que la prudence cauteleuse des auteurs du factum n'a pas osé y mettre. Interprétée sans réticence, voici ce qu'elle signifie : M. Roze est un clérical qui veut, par le fer et le feu, rétablir *immédiatement* le pape dans sa souveraineté temporelle, et le clergé dans la jouissance de la dîme. Les *droits féodaux* et la *dîme*, voilà les deux rengaines révolutionnaires dont on fait, aux électeurs actuels, un épouvantail à la manière de Croque-Mitaine. On se garde bien de dire que depuis le jour mémorable où la noblesse française, avec cette légèreté généreuse qui la caractérise, a sacrifié des droits acquis au redressement des abus et à l'amour de la patrie, pas une seule revendication, ni individuelle, ni collective, ne s'est fait jour à l'encontre du fait accompli.

On s'est bien gardé aussi de demander à M. Roze si sa première préoccupation, en ce moment, était le rétablissement du pouvoir temporel du pape; si, pour atteindre ce but, il voudrait courir les chances d'une guerre avec l'Italie; pas plus que l'on ne s'est enquis auprès de M. de Puységur s'il désirait Henri V pour rétablir la féodalité, ou s'il tenterait de rétablir la féodalité pour ramener Henri V. Questions oiseuses, bonnes pour des gens scrupuleux, comme les cléricaux. Il fallait deux mensonges pour les besoins de la cause, on les a ramassés dans le vieux fonds révolutionnaire, sans s'inquiéter s'ils étaient tachés de sang ou de boue; si, en ce moment même, où la France écrasée paie si cher les erreurs et les mensonges d'un passé récent, ce n'était pas un crime de lèse-nation de flatter les passions du peuple au lieu de l'éclairer, d'exploiter ses préjugés pour le précipiter dans l'abîme ouvert sous ses pas. Non, à Loches comme à Dax, comme à Clermont [1], on a obéi aveuglément au mot d'ordre d'un comité directeur parisien, et, après avoir semé à pleines mains la division et la haine, ranimé sans scrupule de vieilles blessures, on se pose en conservateurs, on parle *d'ordre et de liberté, et l'on ferme* avec apparat *l'ère des révolutions!*

[1] Voir le *Moniteur* du 12 juillet 1871.

3° C'est le but du troisième paragraphe, qui clôt dignement par une modération hypocrite et par des aspirations pacifiques, en opposition avec les sentiments exprimés dans les deux premiers, le placard destiné à jeter le trouble dans les esprits et l'incertitude dans les âmes honnêtes, mais ignorantes des roueries politiques.

Si, au contraire, comme nous, vous voulez le maintien du gouvernement actuel, c'est-à-dire, fermer l'ère des révolutions ; si vous voulez, comme nous, l'ordre dans la liberté, votez avec nous pour M. Charles Guinot, homme du peuple et travailleur comme nous.

Le premier membre de phrase sur le maintien du gouvernement actuel est une équivoque évidemment intentionnelle et laborieusement combinée. Il y en a pour tous les goûts, pour ceux qui personnifient le gouvernement dans M. Thiers et pour ceux qui reconnaissent la souveraineté de l'Assemblée. Tout se résume dans le mot *maintien*, destiné à dorer la pilule, au moyen d'un vernis conservateur. Cette première partie est à l'adresse des ruraux, dont elle flatte les instincts pacifiques.

La dernière phrase, au contraire, est une flagornerie à l'adresse de MM. les ouvriers. On ne saurait trop la répéter : *Votez avec nous, pour M. Guinot, homme du peuple et travailleur comme nous.* Ce grain d'encens, au nez du souverain, est digne d'une cassolette d'or. La courtisanerie, comme on le voit, n'est pas morte avec les cours : sous tous les régimes, les adorateurs des idoles trouvent à exercer leurs petits talents.

La position intermédiaire de la classe moyenne favorise singulièrement ces évolutions intéressées. Entre l'aristocratie à laquelle elle aspire et la démocratie dont elle sort, il y a place pour bien des transformations. Qu'elle en use pour s'élever par le travail et l'épargne, c'est son droit; mais que plusieurs s'en servent pour semer la division et les haines entre les diverses classes, dont l'harmonie est plus que jamais nécessaire au progrès social, voilà l'abus qu'il faut flétrir comme il le mérite.

A quel homme, dans son bon sens, fera-t-on croire que M. Guinot est plus homme du peuple et plus *travailleur* que M. Raymond Roze?

Quel est celui des deux qui, dans son industrie, a eu le plus de dévouement et de justice pour ses subordonnés? Lequel les a considérés, non comme des machines bonnes à exploiter, mais comme des êtres ayant une âme à sauvegarder, un esprit à cultiver, des passions à dompter? Qui les a mieux secourus dans leurs maladies, conseillés dans leurs embarras, consolés dans leurs afflictions? Là est la question.

Je ne connais point assez M. Guinot dans sa carrière d'entrepreneur de travaux, pour affirmer qu'il a rempli toutes ces conditions d'un patron, c'est-à-dire d'un père. Je veux le supposer ; mais ce que je sais, et ce que personne n'ignore à Tours, c'est que M. Raymond Roze peut, sous ce rapport, être proposé pour modèle, et que, n'en déplaise aux athées, ses croyances religieuses offrent en ce point une garantie que l'on ne rencontre malheureusement pas assez aujourd'hui chez nos industriels.

Mais les rédacteurs du factum lochois s'inquiètent peu de ces misères. Ces messieurs se disent *hommes du peuple* et *travailleurs*, et affirment que M. Guinot est *homme du peuple et travailleur comme eux!*

C'est là une phrase d'avocat et rien de plus. Elle fait bon effet, j'en conviens, à la fin d'une péroraison et flatte agréablement les oreilles du souverain, c'est-à-dire, du grand nombre, mais en réalité, c'est un ballon gonflé qu'un coup d'épingle aplatirait.

Cette besogne de courtisan du pouvoir, qu'il s'appelle peuple ou roi, est toujours la même : exploiter les passions, se mettre au fil de l'eau des préjugés, exciter les convoitises, diviser pour régner, sont des maximes à l'usage de tous les faux amis qui bâtissent leur fortune sur la ruine des particuliers et des sociétés [1]. Cependant rendons justice en un point aux auteurs de la proclamation. Ils ont eu une assez haute opinion du bon sens du peuple, et ils faisaient en eux-mêmes assez peu de cas de leurs propres arguments, pour ne les publier qu'à la dernière heure, et interdire par là toute réplique à leurs adversaires. Semblables aux racoleurs de l'ancien régime, qui soûlaient les prétendus volontaires dont ils provoquaient l'engagement, c'est de l'ivresse que procure à l'esprit le soulèvement des passions qu'ils ont attendu le succès de leur manœuvre. Cela peut être commode ; mais est-ce loyal et honnête?

Quant à M. Guinot, sa complicité dans le placard lochois n'étant pas prouvée, et bien qu'il ait eu le tort de ne pas protester contre une manœuvre déloyale dont il retirait les bénéfices, on ne peut le condamner sans l'entendre.

D'ailleurs, c'est un homme politique nouveau. Il est maintenant à l'œuvre, c'est à l'œuvre qu'on pourra juger l'ouvrier, ou, si l'on veut, *le travailleur.*

[1] Voir aux pièces justificatives, n. 10, un extrait du *Journal d'Indre-et-Loire,* sur une tentative faite à Loches, en octobre 1871, pour combattre la candidature de M. de Bridieu au conseil général par des moyens semblables à celui que je viens de rapporter.

CONCLUSION

—

Parpacé, 15 mars 1875.

En relisant à trois ans de distance ce que j'avais écrit à la fin de 1871, sous l'impression des deux élections auxquelles j'avais pris part, en Touraine, à cette époque, je n'ai trouvé à modifier que certains points de détail sans importance.

Ma conviction sur l'ensemble est restée entière et s'est plutôt fortifiée à la vue des divisions et de la confusion de plus en plus inextricable dont nous donnons à l'Europe le triste spectacle.

Je persiste à croire que ce fâcheux état de choses provient moins des idées fondamentales que de malentendus sur la valeur des locutions qui servent à les exprimer.

Les partis se disputent en apparence sur la meilleure forme du gouvernement : *empire*, *république* ou *monarchie*. C'est là une querelle de mots ; car, en réalité, il s'agit de savoir avant tout si le gouvernement préféré sera, quel que soit son nom, despotique ou pondéré.

Sans parler de l'empire, qui ne sera jamais qu'une dictature anormale et passagère, ne savons-nous pas à nos dépens qu'une république peut être plus absolue qu'une monarchie ?

Il ne suffit donc pas d'acclamer l'un ou l'autre de ces gouvernements pour se dire libéral, il faut encore expliquer quels sont les organes que l'on veut leur donner. Une république avec une seule assemblée ne peut être qu'une oligarchie tyrannique, marchepied fatal de la dictature.

Un roi, même légitime, en présence d'une chambre législative unique, ou, ce qui revient au même, avec un sénat dans la dépendance du pouvoir exécutif, offrira le spectacle d'un duel à outrance d'où peut sortir la guerre civile, mais non pas une solution durable.

Donc, qu'il le sache ou qu'il l'ignore, le républicain qui rêve une Convention n'est pas moins absolutiste que le royaliste qui repousse tout contrôle sérieux, efficace, des volontés du monarque, et l'on peut dire dans ce cas que les extrêmes se touchent.

Mais entre les intransigeants qui s'attachent plus au nom qu'à la chose il existe une masse flottante qui, par position, est indifférente à la forme et ne demande que la stabilité et une bonne direction.

Sans initiative et faible par les idées, mais puissante par le nombre, cette masse passive est l'objectif des partis qui cherchent à la dominer pour l'exploiter à leur profit.

Elle est la nation française elle-même, sans distinction de riches ou de pauvres, de citadins ou de campagnards, de savants ou d'ignorants.

Foncièrement conservatrice, tenace même jusqu'à la routine, surtout en province et dans ses campagnes, elle pousserait l'amour du repos dans les affaires publiques jusqu'à l'immobilité, si, à la suite de nos bouleversements incessants, elle n'était devenue très-accessible aux excitations passionnées qui s'adressent à ses préjugés.

C'est aux conservateurs sans épithète à s'efforcer de l'éclairer pour la diriger dans le sens de ses vrais intérêts. Mais tous les efforts dans ce but seront impuissants, sans une bonne loi électorale qui défende le peuple contre ses faux amis et le préserve de ses propres excès.

En essayant de faire la critique impartiale de la loi actuelle, j'ai voulu apporter mon contingent d'études à ceux qui seront chargés de la tâche difficile d'en constituer une meilleure.

Témoin désintéressé d'une élection où les conservateurs ont donné un remarquable exemple de patriotisme et d'union, j'ai cru de mon devoir d'en garder le souvenir et de le proposer à l'imitation de mes compatriotes des autres départements.

Il ne me reste plus maintenant qu'à résumer brièvement les propositions principales qui ressortent à la fois et du récit des faits que je viens de rapporter, et de l'argumentation par laquelle j'ai tâché de distinguer le bien du mal dans la loi qui nous régit. Mais comme ces propositions, bien que logiquement déduites des prémisses, pourront paraître à quelques-uns étranges et même paradoxales, je terminerai mon travail en les examinant au point de vue pratique, pour détruire la dernière objection que l'on peut leur opposer.

Je crois avoir démontré : 1° que le suffrage et l'acclamation sont deux choses essentiellement distinctes, confondues à tort par la plupart de nos législateurs ; 2° qu'en matière de vote, le droit du citoyen est corrélatif de la fonction qu'il est appelé à remplir, et que son aptitude en ce point est la justification même de son avénement à l'électorat ; 3° que, dans toute élection, le décret de convocation devrait distinguer trois phases successives suffisamment délimitées : *a*], la période d'initiative, *b*], celle de l'enquête, *c*], celle de la réflexion avant le jugement à porter ; 4° enfin, qu'étant admise en principe l'universalité du suffrage comme base de l'élection des représentants à une assemblée politique *centrale*, il en ressortait nécessairement, sous peine de négation absolue de tout suffrage, l'exclusion du vote direct.

1° En ce qui regarde la première proposition, il est impossible de contester la différence qui existe entre l'*acclamation* et le *suffrage*. Cette distinction, basée sur la grammaire et confirmée par le bon sens, devient un axiome indiscutable d'où découlent les conséquences suivantes qui s'imposent aux législateurs chargés de formuler une loi électorale pratique, rationnelle.

L'*acclamation* est la manière primitive de voter des sociétés dont la civilisation est encore dans l'enfance ou de celles qui arrivent à la décrépitude.

Élever un chef sur le pavois aux acclamations de la foule était chez les Francs la méthode adoptée pour exprimer le suffrage ; chez les Romains corrompus de l'empire, les prétoriens acclamaient le César après avoir souvent assassiné son prédécesseur.

Rien de plus simple et de plus direct que cette manière de procéder. Rien, au contraire, de plus compliqué que le système d'élection des doges de Venise et de celle des Papes par les Cardinaux réunis en conclave.

Les procédés en matière électorale deviennent

ainsi chez les peuples libres un des symptômes du degré de civilisation auquel ils sont parvenus.

Cependant il peut arriver que certaines circonstances exceptionnelles changent le vote en acclamation, quel que soit le système électoral en vigueur.

Un homme en danger de mort crie pour appeler à son secours. Il n'y a pas de loi qui puisse l'en empêcher.

L'élection du 8 février 1871, faite par un peuple impatient de secouer le joug d'une odieuse occupation, a eu tout le caractère et l'imprévu d'une acclamation. Toutefois, même dans une situation normale, la loi électorale produira soit un vote soit une acclamation suivant qu'elle rapprochera ou éloignera l'électeur du candidat à choisir. Il n'y a pas de sophismes ni de concessions aux préjugés régnants qui puissent changer l'effet logique d'une loi naturelle.

Pour se faire entendre de loin, il faut crier, *clamare*. Deux interlocuteurs placés à la portée normale de la voie humaine s'entendront toujours mieux qu'en s'égosillant à une trop grande distance.

Je conclus donc nettement que c'est au législateur à se demander, en conscience, s'il est préférable à la bonne direction de la chose publique que les représentants d'une grande nation soient le produit d'une véritable élection, c'est-à-dire d'un choix éclairé et réfléchi, ou celui d'une acclamation, fruit toujours stérile d'une émotion passagère.

Poser la question, c'est la résoudre. Je croirais faire injure au lecteur si j'insistais davantage sur la démonstration d'une vérité non moins évidente au point de vue de la théorie qu'à celui de la pratique, dont elle est la base essentielle, et je passe à ma seconde proposition.

2° Je n'ai point à revenir sur la question de droit, que j'ai traitée dans mon premier chapitre avec des développements suffisamment étendus. Je n'ai à examiner ici que la question de savoir si la corrélation intime établie précédemment entre le droit et la fonction est une idée purement théorique, ou, au contraire, de celles qu'un esprit pratique peut admettre.

Il ne peut y avoir de doute sur la première partie de la proposition, puisque la fonction n'est autre chose que la pratique même du droit. Je ne parlerai donc ici que de la seconde partie, et peu de mots me suffiront pour établir qu'elle n'est pas moins praticable que juste.

En affirmant que l'aptitude du citoyen à remplir la fonction que le droit lui confère, est la mesure et la justification de son admission à l'électorat, je ne fais que constater les conséquences des prémisses posées, et je tiens par là un juste milieu entre les révolutionnaires qui, pour le besoin de leur cause, ne tiennent compte que du droit en passant le devoir sous silence, et certains conservateurs timorés qui tendraient à nier le droit en exagérant l'inaptitude à la fonction.

De plus, en affirmant la corrélation intime qui existe entre le droit et le devoir, je laisse son libre jeu à l'action de la Providence dans le gouvernement des sociétés, qui s'élèvent ou s'abaissent suivant qu'elles respectent ou méconnaissent les lois immuables qui président à leur destinée.

Mes deux premières propositions sont ainsi, je pense, inattaquables à tout point de vue, et je puis m'occuper maintenant des deux dernières, qui, j'en conviens, peuvent, par le côté pratique, paraître moins justifiées.

3° C'est un des avantages notables de la méthode d'observation, dont je suis un adepte convaincu, d'offrir des ressources inattendues à tout esprit qui cherche la vérité simplement et de bonne foi, sans se laisser détourner par le mirage des systèmes intéressés qui la voilent trop souvent aux yeux des théoriciens ou des hommes publics qui font de la politique le marchepied de leur ambition.

Sans donner à ma découverte plus d'importance qu'elle n'en a, je crois être le premier, parmi les écrivains qui se sont occupés de ces matières, à signaler les trois phases nécessaires de toute élection. Je dois cette bonne fortune à l'observation impartiale qu'il m'a été permis de faire pendant l'élection du 2 juillet et aux réflexions que l'examen désintéressé des faits m'a suggérées.

Mais, j'ai hâte de le dire, cette distinction n'a rien en elle-même d'extraordinaire. Ce qui est nouveau et peut paraître original, c'est son application à la préparation en vue d'une élection politique.

Chacun de nous, dans ses affaires privées, toutes les fois qu'il s'agit de porter un jugement, de prendre un parti dans une question épineuse et de passer de la pensée à la délibération, et de celle-ci à l'action, use instinctivement de ces mêmes moyens qui tiennent à la nature de l'intelligence humaine.

De prime abord, l'idée se présente à l'esprit confuse, presque insaisissable et comme enveloppée de nuages. C'est la période initiale. Puis vient celle de l'information, ce qu'en style de procédure on appelle l'instruction.

Il est à remarquer qu'à l'exception de la politique, où le plus ignorant se croit infaillible et se prononce avec aplomb sans étude d'aucune sorte, les Français dans leurs entreprises privées, se montrent en général prudents jusqu'à la timidité et savent fort bien ouvrir une enquête directe avant de s'engager dans une opération relativement minime.

Il y a plus, tout particulier soucieux de ses intérêts se préoccupe avant tout (et qui l'en blâmerait?) de la sûreté de ses informations.

Il n'hésitera pas à se transporter au loin pour interroger les personnes compétentes, il pèsera leurs témoignages, s'informera de leur véracité, et après avoir complété son dossier, sans craindre de dépenser son argent et sa peine, il se donnera encore le temps de la réflexion avant de prendre un parti définitif.

Il pourra bien alors, pour formuler sa décision, prendre la voie indirecte, et charger un procureur de conclure l'affaire en son nom ; mais il ne laissera à personne le soin de l'information, et, à moins d'empêchement absolu, il la fera *lui-même* et *directement*. Voilà ce qui se passe tous les jours, ce que nous faisons nous-mêmes habituellement. Or si, comme je le pense, la coutume est la meilleure base, le fondement seul rationnel et pratique de la loi, il y a là un modèle à suivre, applicable également aux intérêts généraux, qui ne perdraient rien à être administrés avec la même diligence, le même bon sens, la même exactitude et par la même méthode que les intérêts privés.

En demandant que la loi électorale tienne

compte de la diversité des trois opérations successives, nécessaires à la perpétration d'un acte aussi important que le vote, je ne cherche donc qu'à combattre une exception injustifiable et à faire rentrer la politique dans les conditions normales une règle générale.

Il me reste à prouver que cette règle est, dans dans l'espèce, d'une application facile et qu'on ne peut en ce point m'opposer une fin de non-recevoir au point de vue politique.

J'ai dû, pour exposer complétement la théorie, établir la distinction des trois phases préparatoires à l'action en général. Mais dans une élection, il en est une, celle de l'initiative, qui échappe par sa nature à l'appréciation des pouvoirs publics.

L'idée en germe appartient, après Dieu, à l'esprit qui l'a conçue. Dans cet état embryonnaire, elle est tout individuelle, et ce n'est qu'après un travail d'enfantement plus ou moins laborieux, lorsqu'elle a pris un corps tangible, qu'elle peut, au moyen de la parole, véhicule obligé de la communion des âmes, devenir adulte, et se faire collective. Dans cette seconde phase, elle se revêt d'une forme positive, qui, devenant appréciable à tous, lui permet de se modifier au contact des opinions d'autrui. Alors seulement elle peut être justiciable de l'autorité publique.

Il résulte de cette observation qu'au point de

vue pratique, le législateur n'a point à se préoccuper de la période d'*initiative*, mais seulement des deux autres, que j'appelle : la première, période d'*information*, et la seconde, période de *réflexion*.

Je rappellerai d'abord en quelques mots les raisons développées plus haut pour prouver que la loi doit établir une distinction entre ces deux phases préparatoires à l'élection, et je dirai ensuite le moyen qui me paraît le plus convenable pour atteindre le but.

Il faut toujours s'appuyer sur la nature des choses pour trouver une solution raisonnable et pratique dans les questions où la précipitation révolutionnaire a jeté le désordre et la confusion.

Conformément à ce que nous venons de remarquer dans la poursuite des intérêts privés, il est essentiel que, dans la première période, la liberté soit entière et sans entraves : liberté de parler et d'écrire, liberté de transport, liberté de se concerter, le tout dans les limites où la loi et le droit d'autrui sont suffisamment respectés. Avec une bonne police et un article de plus inséré dans nos codes (article qui interdirait, pendant une durée de cinq à vingt-cinq ans, l'exercice des droits politiques à tous ceux qui en auraient abusé) je ne craindrais pas de tolérer une liberté presque excessive, pourvu qu'elle fût circonscrite dans une période rigoureusement limitée. Si j'étais gouvernement, je fermerais même volontiers les yeux sur certains abus passagers, certaines excentricités inoffensives dans leurs conséquences, afin d'être plus sévère et inexorable dans la période suivante. Une sorte d'agitation est nécessaire au progrès de l'esprit public, et plus dans notre nation que dans tout autre. Un père excuse parfois les écarts de jeunesse d'un fils du reste laborieux et rangé, et l'Église de Rome, quand elle était maîtresse chez elle, tolérait les folies du Carnaval parce qu'elle savait faire respecter le repos du Carême.

Il importe infiniment à la liberté et à la sincérité du vote d'ôter tout prétexte aux vaincus pour dissimuler leur défaite. Le législateur devra donc favoriser par tous les moyens les communications verbales ou écrites, personnelles ou collectives, entre les électeurs d'une même circonscription. S'il était possible de diminuer de 50 0/0 le prix des transports de toute nature pendant cette période, je lui conseillerais de le faire pour que l'information ne fût plus à dix ou vingt degrés comme elle l'est aujourd'hui, mais vraiment directe. Cette condition serait seule capable de me réconcilier avec cette anomalie extravagante d'un vote direct après une information qui ne l'est pas.

Ceci admis, il ne s'agit plus que de prendre le contre-pied de ce desideratum pour connaître quelles devraient être les conditions de la dernière phase préparatoire à l'élection.

Après l'agitation fébrile de la période précédente, il faut donner à l'électeur le temps de résumer ses impressions, de se recueillir et de prendre devant sa conscience une décision définitive. Ici, je prends la défense des illettrés contre les savants, des simples contre les intrigants, de la réforme contre la révolution, de la raison contre la passion.

Dans quelles dispositions d'esprit, je le demande, peut voter l'électeur, homme du peuple, quand, au moment du vote, il entend lire et commenter un placard affiché dans son village, la nuit, comme un piége à loup tendu clandestinement au fond d'un bois? Comment résistera-t-il à ses passions qu'on exalte, à ses préjugés qu'on surexcite? A quoi lui servira d'avoir cherché dans la période précédente à s'éclairer sur le meilleur parti à suivre, si, au dernier moment, sans qu'il puisse avoir le temps de se reconnaître, un colporteur de calomnies vient le saisir à la gorge et lui enlever son libre arbitre? Et cela s'appelle le vote *direct*, l'arche sainte à laquelle on ne peut toucher! Et il y a des hommes qui se disent républicains, ayant sans cesse à la bouche les phrases les plus indignées contre les courtisans de l'ancien régime, corrupteurs des rois et des peuples, et ces mêmes hommes ne se font aucun scrupule d'exploiter les plus basses passions, de flatter les plus mauvais instincts, et de prendre dans leurs embûches clandestinement ourdies les ignorants et les faibles, parce que la parcelle de souveraineté dont ceux-ci disposent est un appoint nécessaire à la satisfaction de leurs convoitises !

Le lecteur qui a suivi jusqu'ici les pages de ce livre ne peut l'ignorer. Ce ne sont point là des assertions gratuites, produit d'une polémique à outrance, mais la vérité pure, sans réticence et sans exagération.

Il est incontestable, pour tout homme qui réfléchit, qu'une lutte, se perpétuant dans de telles conditions de déloyauté, ne peut que démoraliser la nation qui la tolère et l'entraîner peu à peu à une décadence irrémédiable.

Non-seulement la sincérité du vote et la protection due aux faibles exigent que l'on prenne les moyens de faire cesser au plus tôt un pareil scandale, mais encore l'existence même du suffrage universel y est intéressée en première ligne.

Tous les hommes vraiment libéraux, quelles que soient leurs préférences personnelles pour la forme gouvernementale doivent s'unir pour mettre des bornes au cynisme de la calomnie politique, sans entraver la liberté des élections.

Le moyen que je propose me paraît atteindre ce double but. Il consisterait à scinder en deux parties le délai légal consacré à l'élection des députés à toute assemblée centrale se réunissant à Versailles. La première, dans laquelle on laisserait le champ libre à l'agitation des esprits, s'étendrait de la date de convocation à cinq ou six jours avant celle fixée pour l'élection. La seconde, lui succédant immédiatement, serait, au contraire, un temps de calme relatif, pendant lequel toute réunion publique, toute manifestation ostensible, toute polémique *anonyme* dans les journaux seraient interdites, et les placards affichés sur les murs seraient lacérés par les agents de l'autorité sans pouvoir être remplacés. Les démarches individuelles, les réunions privées, les réclamations par la presse, lorsqu'elles seraient signées de leurs auteurs, seraient, au contraire, permises jusqu'à l'ouverture du scrutin.

Ou je me trompe fort, ou l'on éviterait aisément par ce moyen très-simple les excès que nous avons signalés dans l'élection du 2 juillet en Touraine. On enlèverait aux comités occultes un de leurs artifices les plus efficaces, et l'on ne verrait plus ces brusques retours d'opinion obtenus à l'aide de véritables guet-apens dressés sous les pas des électeurs crédules. Nos populations rurales, laissées à elles-mêmes pendant quelques jours avant l'élection, pourraient manifester librement les sentiments conservateurs qui les animent en très-grande majorité.

4° J'arrive maintenant à ma dernière proposition, par laquelle j'affirme que, dans le cas d'une élection de députés à une assemblée centrale, plus le suffrage est universel, moins il doit être direct. On voit par ce seul énoncé que j'admets le vote direct pour les élections municipales et départementales, et ne l'exclus que pour celles de la Chambre des députés.

Quand je commençai en 1871 cet essai sur notre loi électorale, la force du préjugé, il m'en souvient très-bien, me faisait incliner vers le vote direct au préjudice de l'universel. C'est par l'étude attentive de la question, et en suivant de point en point les déductions logiques de ma thèse, que je fus amené à une conclusion opposée, que mes réflexions subséquentes n'ont fait que confirmer. Je n'ai donc point à y revenir mais seulement à me demander, comme pour les trois propositions précédentes, si, quand bien même j'aurais cent fois raison en théorie, la pratique ne me donnera pas tort.

Je serais le premier ici à en convenir, il peut y avoir en ce point quelque hésitation. Une possession qui remonte déjà à un quart de siècle ; le chiffre toujours très-élevé des abstentions, qui révèle une grande indifférence chez les électeurs; les redites inconsidérées, mais persistantes de la presse; un sentiment d'envie contre tout ce qui s'élève, trop généralement répandu chez les Français, constituent un courant d'opinion en faveur du système direct, dont il faut tenir un certain compte.

D'un autre côté, le véritable homme d'État n'est pas tenu, comme le philosophe, à pousser la logique à ses dernières conséquences. Tirer d'une situation donnée le meilleur parti possible, se contenter du moindre quand on ne peut obtenir le mieux, substituer à la poursuite d'un idéal reconnu impraticable une réalité d'une ordre inférieur, ce sont là les limites naturelles de l'activité au jour le jour de l'homme politique.

Cependant, et tout en reconnaissant la force de l'objection au moment présent, je dois maintenir mes conclusions en vue de l'avenir. Car si, comme l'a dit notre fabuliste,

> Patience et longueur de temps
> Font plus que force ni que rage,

d'un autre côté, la logique ne perd jamais ses droits, et la Providence se charge à son heure, en leur envoyant des épreuves méritées, de rappeler aux peuples qui l'oublient que le mépris des vérités éternelles a sa sanction générale même ici-bas.

Je ne demanderai donc pas aux auteurs de notre prochaine loi électorale, comme je l'ai fait pour la proposition précédente, de substituer immédiatement le suffrage indirect au suffrage direct, je me contenterai de leur dire :

« Ce n'est pas seulement, Messieurs, en regardant par derrière si vos commettants vous approuvent, et si vous flattez assez leurs préjugés et leurs passions pour vous ménager la faveur d'une réélection, que vous parviendrez à bâtir un édifice de quelque durée, mais aussi et surtout en levant les yeux et les cœurs en haut, *sursum corda*, et en vous mettant au point de vue le plus élevé pour voir de loin. Les lois que vous êtes appelés à faire, obligatoires seulement dans ce petit coin de terre où vous êtes nés, ne peuvent être que le reflet des lois générales, immuables et éternelles qui règlent impérieusement les rapports des hommes entre eux sur toute la surface de la terre.

« Vous avez deux moyens pour arriver à la connaissance de ce code souverain :

« 1° LA FOI, pour les choses d'ordre surnaturel qui ne sont point de votre ressort, et contre lesquelles vos plus habiles combinaisons viendront se briser, si vous n'en tenez le compte que vous devez.

« 2° LA RAISON, pour l'ordre naturel auquel se

limite le cercle déjà très-étendu de vos attributions. Or, dans cet ordre même, vous n'êtes pas libres de vous mouvoir au gré de vos passions personnelles ou des suggestions de l'esprit de parti; si vous ne respectez la logique, si vous vous heurtez inconsidérément contre la nature des choses, vos lois éphémères, n'ayant pas l'attache des lois supérieures, passeront comme des météores, et vous laisserez à d'autres la gloire de relever votre pays. »

Mais si, pour des causes secondaires qu'il est facile de prévoir, nos législateurs se trouvent impuissants à donner satisfaction à la raison contre la passion, à la vérité contre l'erreur, il me reste une dernière ressource que je ne veux pas négliger.

Me tournant vers les hommes modérés de tous les partis, je leur adresserai à leur tour mes objurgations :

« Vous êtes, Messieurs et chers concitoyens, placés par la Providence à la tête de la nation pour donner en toutes choses le bon exemple.

« Je viens de mettre sous vos yeux le système suivi avec tant de loyauté, en 1871, par les conservateurs d'Indre-et-Loire. Après ce fait, vous ne pouvez plus exciper des erreurs d'une loi imparfaite pour vous croiser les bras, et attendre le mot d'ordre des fonctionnaires publics ou des intrigants qui cheminent souterrainement pour vous envelopper dans leurs filets. Il vous appartient de redresser, par une initiative énergique, les contradictions de la législation et de rendre praticable par des moyens légaux, à ciel ouvert, le mode de suffrage que les témérités révolutionnaires vous ont imposé, et dont votre vigilance peut seule atténuer les conséquences désastreuses.

« Que si, au lieu de rester debout en gardiens fidèles des principes sociaux, vous vous endormez dans la mollesse et les douceurs d'une vie oisive, si, uniquement préoccupés de votre repos et des jouissances de la fortune, vous vous enfermez dans vos maisons en vous désintéressant de la chose publique ; si, même dans le cas où vous en sortiriez à certains jours, vous vous amusez aux bagatelles de la porte sans savoir faire le sacrifice de vos préférences personnelles aux conditions essentielles de toute collectivité sociale, vous ne pourrez vous en prendre qu'à vous-mêmes, si le flot de la barbarie montant toujours, vous êtes, vous et vos enfants, enveloppés dans la ruine de cette belle société chrétienne qui aura eu nom *la France*, que vous aurez laissée périr quand vous pouviez la sauver encore par votre courage et votre énergie. »

Mais non, il n'en sera pas ainsi, et je ne quitterai pas la plume sur cette triste pensée. Il en est une heureusement plus consolante et plus vraie par laquelle je puis terminer mon travail.

Les cités païennes, Tyr, Ninive, Babylone, Palmyre, ont pu périr tout entières parce qu'il leur a manqué les dix justes qui eussent sauvé Sodome. Mais depuis dix-huit siècles aucune nation chrétienne, aucune ville importante n'a ainsi disparu sans laisser de trace.

Dans notre France, Dieu merci, la sève chrétienne n'est pas tarie. Je n'en veux pour preuve que l'activité déployée depuis quarante ans par une multitude d'associations religieuses et laïques pour le soulagement moral et matériel des pauvres, des infirmes et des délaissés de toute sorte. A chaque défaillance nouvelle de l'humanité, la religion catholique apporte un nouveau remède. Si des mères viennent à abandonner leurs enfants, les familles, leurs vieux parents, elle sait produire d'autres mères, constituer de nouvelles familles. Plus l'impiété, l'égoïsme et la mollesse étendent leur empire sur les populations affamées de bien-être matériel, plus l'esprit de sacrifice, la piété et l'austérité de la vie grandissent d'autre part, opposant à chaque vice de la société civile la vertu contraire, comme un sel évangélique destiné à neutraliser le virus d'un paganisme renaissant. Partout où l'esprit du mal fait une ruine, l'Esprit de Dieu suscite ses fidèles pour réparer les brèches.

N'avons-nous pas vu récemment une institution nouvelle, les *Unions catholiques*, naître du milieu des flammes de Paris incendié pour porter aux ouvriers abandonnés, eux aussi, par les patrons qui trop souvent les exploitent comme des machines, le pain de la parole divine et leur tendre une main fraternelle? Le luxe et la vanité s'efforcent d'élever sans cesse entre les différentes classes d'infranchissables barrières. Cette séparation destructive de toute sociabilité n'est pas moins contraire aux maximes de l'Évangile qu'aux lois providentielles qui, dans les sociétés chrétiennes, doivent régler les rapports des hommes entre eux. Tout ce qui tendra à abaisser ces barrières sera un pas fait vers la pacification de notre chère patrie, et je ne doute pas que la nouvelle association, aussi profitable à l'instruction du riche qu'à l'apaisement des convoitises du pauvre, n'obtienne ces résultats.

Mais il y a plus, la charité chrétienne ne s'arrête pas aux frontières des empires.

Son activité ne connaît point de bornes, et, pendant que nous discutons misérablement si, dans notre pays, l'enseignement sera laïque et obligatoire, des instituteurs qui n'ont point de temps à perdre à ces controverses byzantines, quittent leurs foyers, passent les mers, se condamnent sous tous les climats aux plus dures privations pour porter la lumière de la civilisation aux extrémités du monde.

C'est là, pour qui n'est pas aveugle, un magnifique et consolant spectacle. A la vue de cette fécondité exubérante de notre chère patrie, pourvoyant incessamment au recrutement de ces nombreuses phalanges armées pour le bien et la vérité, qui ne sent que la sève chrétienne circule encore abondante dans nos veines et que le mal est chez nous plus superficiel qu'organique? Qui ne se prendrait à espérer un meilleur avenir, malgré les scandaleuses orgies dont nous venons d'être témoins, malgré la manie persécutrice des Bismarck et des Carteret ?

Cet avenir, il faut le dire bien haut, gît tout entier dans la réforme des mœurs des classes moyennes et supérieures. Il faut qu'elles se persuadent qu'elles ont à remplir dans la société un rôle sérieux et obligatoire, qu'elles n'ont pas reçu les dons de la fortune, de l'éducation et des traditions chrétiennes, pour en jouir ici-bas d'une façon égoïste, mais pour se répandre, veiller et combattre par le bon exemple, les vertus domestiques et le dévouement à leurs inférieurs, suivant cette maxime de Jésus-Christ qui résume tous les devoirs civiques : *Que le premier d'entre vous soit le serviteur de tous.*

Qu'elles y songent donc pendant qu'il en est

temps encore ; qu'elles cessent de boire l'iniquité comme l'eau, de se servir des armes empoisonnées de la diffamation et de la calomnie, et qu'elles sachent que, quand même elles viendraient à se soustraire à leur mission réparatrice, la France, tout en passant par d'atroces convulsions, pourrait à la rigueur se passer d'elles, et ne périrait pas.

C'est le propre, en effet, des sociétés chrétiennes de se suffire à elles-mêmes pour la réparation du corps social. A une classe gangrenée par une corruption incurable peut en succéder une autre qui le sera moins. Qu'on ne l'oublie pas, les barbares destructeurs et héritiers du monde romain, eurent eux aussi une mission providentielle ; et aujourd'hui les barbares ne viennent plus du dehors, ils sont à l'intérieur. Ce sont nos vices qui font leur force et leur fourniront des armes.

PIÈCES JUSTIFICATIVES

N° 1.

Tours, le 5 février 1871.

A MM. les sous-préfets et les maires du département.

Messieurs,

Le bruit a été répandu et quelques journaux ont répété que le gouvernement de Paris aurait annulé les décrets de la délégation de Bordeaux, en ce qui concerne les incompatibilités, supprimées ainsi que les nouvelles inéligibilités établies, et que les préfets et les sous-préfets seuls ne pouvaient être élus représentants à l'Assemblée nationale.

Aucune décision de cette nature ne m'a été notifiée.

Une dépêche de M. le ministre de l'intérieur et de la guerre, datée de Bordeaux du 4 février courant, et déjà publiée, fait connaître, au contraire, que les décrets de la délégation sont maintenus et doivent être exécutés.

Les préfets et sous-préfets peuvent donc être élus, et leurs candidatures ne sauraient être considérées comme officielles, exemptes qu'elles sont de toute pression, des corruptions et des abus auxquels donnaient lieu celles-ci sous l'ancien régime.

Ne nous laissons point abattre, Messieurs, ni par les douloureuses circonstances que nous traversons ni par les difficultés que nous pouvons rencontrer, ayons confiance. Après avoir été tant de fois trompés, nous ne devons plus l'être; redoublons de volonté et de courage, recueillons-nous et choisissons librement, comme il convient à tout homme indépendant, des représentants capables d'envisager hardiment la situation et vraiment dévoués au pays, n'ayant rien à craindre ni rien à espérer du Gouvernement.

C'est animé de ces sentiments que je me présente aux suffrages de mes concitoyens, et j'accepterais leur mandat avec d'autant moins de scrupule que j'aurais la conscience de ne le tenir que de leur estime et de leur confiance.

Recevez, Messieurs, l'assurance de ma considération très-distinguée.

Le Préfet,

DUREL.

N° 2.

Tours, 4 février 1871.

A M. le rédacteur du *Journal d'Indre-et-Loire.*

Monsieur,

En arrivant aujourd'hui à Tours, j'ai vu mon nom figurer sur une liste de candidats que vous publiez en tête de vos colonnes.

Cette liste intitulée : Liste du Comité général d'Indre-et-Loire, — contient les noms de personnes avec lesquelles je puis être d'accord sur les questions d'ordre et de paix, mais dont le passé politique me fait craindre de ne pouvoir m'accorder avec elles sur les questions de liberté.

Je crois donc de mon devoir de déclarer que je ne suis pour rien dans la rédaction de cette liste, et je tiens à bien établir qu'une pensée de conciliation a pu seule faire inscrire mon nom parmi les candidats patronnés par un Comité qui soutenait autrefois le plébiscite et les candidatures officielles.

Veuillez agréer, etc.

Daniel Wilson.

Il eût été mieux peut-être qu'arrivé à Tours dans la nuit de vendredi à samedi, M. Wilson nous eût, dès samedi, transmis sa réclamation. Il aurait évité ainsi cette position toujours fausse d'un candidat recueillant les bénéfices de la recommandation d'un Comité qu'il désavoue. C'est ce qui va arriver à M. Wilson, nous adressant sa lettre quand déjà, il le sait, le Comité général a répandu ses bulletins dans tout le département.

Quoi qu'il en soit, en désavouant le Comité général, sous le prétexte qu'il se compose d'hommes ayant autrefois patronné les candidatures officielles, M. Wilson est dans une complète erreur. Nous en appelons à la loyale parole de M. Houssard, et nous lui demandons de déclarer s'il n'est pas vrai qu'au nombre des membres du Comité figuraient les adversaires les plus prononcés des candidatures officielles.

Voyons maintenant les hommes à l'œuvre et apprécions les deux listes.

Dans celle du Comité général, on ne trouve aucun nom ayant quelque chose de commun avec les candidatures officielles.

Ainsi : MM. Houssard, Wilson, de Bridieu, étaient notoirement les adversaires prononcés et intéressés de la candidature officielle; M. Gouin l'a refusée; M. Hulin l'a énergiquement, et au su de tous, combattue en 1863; M. Deligny n'a jamais eu rien à démêler avec elle.

Il est étrange que, pour trouver des champions de cette candidature, il faille aller les chercher dans la liste de M. Wilson.

Si M. Thiers, dans l'opposition, la condamnait, il la soutenait et la pratiquait comme ministre. S'il est un homme qui l'ait proclamée, défendue, mise en œuvre, n'est-ce pas M. Desplanques, sous-préfet de Chinon en 1863?

Comment M. Wilson peut-il donc mettre d'accord la liste qu'il répand avec la lettre qu'il nous écrit?

LADEVÈZE.

N° 3.

A M. le rédacteur du *Journal d'Indre-et-Loire.*

Monsieur,

Un certain nombre d'électeurs du département m'avaient fait l'honneur de songer à me porter candidat aux élections qui vont avoir lieu.

Dans ce moment critique, où les représentants de la nation vont avoir à discuter les conditions d'un traité avec l'ennemi vainqueur, il est du devoir de tout homme de cœur de ne point reculer devant cette charge, si pénible qu'elle soit.

J'aurais donc accepté le mandat que l'on désirait me confier ; mais une liste avait déjà été faite, et j'aime trop sincèrement mon pays pour ne pas éviter toute division parmi les partisans de l'ordre.

Je me retire donc, et en remerciant les personnes qui voulaient bien songer à moi, je les prie de porter leurs voix sur les candidats dont le caractère est une sûre garantie qu'ils désirent, ainsi que moi et avant tout, le bien de la France.

Recevez, etc.

Comte CHASTENET DE PUYSÉGUR.

Beugny, le 4 février 1871.

N° 4.

A MM. les électeurs de l'arrondissement de Tours.

L'époque des élections pour la nomination d'un député en remplacement du général Deligny, démissionnaire, étant fixée au dimanche 2 juillet, il est opportun de rappeler aux intéressés que le Comité d'arrondissement de Tours se réunira rue Saint-François-de-Paule, dans la grande salle du Palais du Commerce, samedi 17 juin, à une heure de l'après-midi.

Le Comité de Loches s'est réuni le 14 juin et a nommé six délégués.

Celui de Chinon a eu déjà deux réunions et va en avoir une troisième aujourd'hui même.

Les trois Comités étant ainsi formés, le Comité d'initiative électorale, après avoir atteint son but, se retire et laisse aux Conseils d'arrondissement et au Comité central qui en sera l'émanation, le soin d'achever l'œuvre commencée dans un esprit de conciliation et d'unité.

A ceux qui garderaient encore quelques doutes sur l'action désintéressée du comité d'initiative, il suffit de rappeler la composition du Comité d'arron dissement.

En effet, sont convoqués à la réunion du 17 :

Les membres du Conseil général,

— du Conseil d'arrondissement,

— de la Chambre de Commerce de Tours,

— du Tribunal de Commerce de Tours,

Les maires ou délégués de toutes les communes de l'arrondissement,

Un délégué du journal l'*Union libérale*,

Un délégué du *Journal d'Indre-et-Loire*,

Un délégué par canton, désigné par le comité d'initiative électorale.

Il est inutile d'insister auprès des hommes d'ordre sur la nécessité d'apporter leur concours à l'œuvre commune en stimulant le zèle des personnes convoquées, et en luttant contre l'inertie, qui trop souvent, dans notre pays, a été fatale à la cause de l'ordre.

N° 5.

COMITÉ CENTRAL.

Appel aux conseillers généraux, présidents des Comités de canton, au refus de Chinon de nommer des délégués au Comité central.

Monsieur le Président,

Le Comité électoral de l'arrondissement de Tours a, dans sa séance du 17 juin, procédé à la nomination des vingt-cinq délégués qui doivent le représenter au Comité central. Nous avons l'honneur de vous remettre ci-joint le procès-verbal de la séance, dans lequel vous trouverez les noms de ces vingt-cinq délégués. Nous vous indiquons également ici les noms des dix délégués nommés par le Comité d'arrondissement de Loches. Quant au Comité de Chinon, il n'avait pas encore, à la date du 17 juin, nommé ses délégués. Conformément au vœu exprimé par l'assemblée, le président du Comité de Tours a adressé à celui de Chinon une lettre pour l'engager de nouveau à faire procéder à cette nomination. Une copie de cette lettre sera déposée sur votre bureau, sinsi qu'une copie de la réponse du Comité de Chinon.

Après la réception de cette réponse, nous avons cru devoir nous adresser directement aux conseillers généraux et d'arrondissement et aux maires de chacun des cantons de Chinon, en les priant de choisir dans chaque canton un délégué par deux mille électeurs inscrits, et de donner rendez-vous à ces délégués pour la réunion du Comité central du 23. Nous espérons encore que ce nouvel appel sera entendu; mais, quel qu'en soit le résultat, le Comité central n'en devra pas moins s'occuper de la mission pour laquelle il a été élu et convoqué.

Nous avons l'honneur de vous rappeler, Monsieur le Président, que ni le Comité d'initiative, ni le Comité d'arrondissement de Tours n'ont voulu s'occuper jusqu'à présent de la discussion des candidatures : ils s'en sont entièrement remis sur ce point à la sagesse du Comité central. La mission de ce dernier est donc de choisir des candidats, et de prendre toutes les mesures convenables pour les recommander aux électeurs du département.

L'assemblée, dont les délégués au Comité central ne sont qu'une émanation, a formulé le vœu qu'en dehors de toute préoccupation de parti, on choisisse le candidat le plus capable « de rallier sous le dra- « peau de la modération et de l'ordre les hommes « de toutes les nuances d'opinion ».

Veuillez agréer, etc.

N° 6.

Monsieur,

J'ai l'honneur de vous informer que je compte me présenter à la députation aux élections prochaines. Avant de porter ma candidature devant le suffrage universel, je crois devoir la soumettre au Comité électoral dont vous faites partie ; je ne puis, du reste, vous la recommander qu'en vous exposant mon appréciation de la situation actuelle.

Je n'ai d'attache avec aucun parti, et ne désire être classé dans aucun. Je n'aspire pas à être un homme politique, mais à résoudre par l'étude, la conciliation et la loyauté, les questions de notre pays. Je crois que la République, si des hommes honnêtes la dirigent, est la meilleure forme de gouvernement, les intérêts dynastiques venant trop souvent, dans une monarchie, prendre la place des véritables intérêts de la nation. Mais, il faut en convenir, en France, le mot République effraie et met en défiance beaucoup de bons esprits. Qui nous empêche de mettre de côté ce mot terrible, et de vivre, pendant un certain temps, sous un gouvernement plus ou moins analogue à celui que nous possédons aujourd'hui, et que l'on appellera, si l'on veut, le Gouvernement national? Nous n'avons pas besoin d'adopter une constitution immuable, qui puisse être gravée sur des tables d'airain. Ce que nous voyons autour de nous, c'est la France entière, hier encore ébranlée par de terribles commotions, et qui, aujourd'hui, à peine convalescente, ne veut plus entendre parler de luttes ni de passions ardentes, mais demande seulement qu'on la laisse respirer à l'aise, reprendre ses travaux, consolider son crédit, n'importe sous quel drapeau. Elle ne saurait, avant d'avoir pu se reconnaître quelque temps, reprendre sa route, fût-ce même la route du progrès. Elle n'a pas besoin d'un gouvernement d'éclat; il faut au contraire qu'elle vive obscurément, sans tenter aucune aventure nouvelle, au dedans ni au dehors, et qu'elle se souvienne de cet adage : *Heureux les peuples dont l'histoire n'est pas intéressante!*

Il faut que les partis politiques fassent aujourd'hui comme les peuples voisins qu'une grande question divise, et qui, n'étant ni tout à fait en paix, ni cependant en guerre, adoptent, l'un vis-à-vis de l'autre, un *modus vivendi*, une manière de vivre provisoire. Cette sage résolution permet souvent de dénouer sans secousses les questions les plus graves. A l'intérieur, elle nous mettra également à l'abri et de l'anarchie que rêvent les uns, et des réactions imprudentes que projettent peut-être les autres.

On n'aurait rien fait si l'on se bornait à choisir une forme de gouvernement, quelque parfaite qu'elle puisse être. On n'aurait bâti que les quatre murs de sa demeure ; il faut encore en distribuer et en orner l'intérieur.

Un courant social subversif traverse en ce moment les esprits ; ce n'est ni la force ni l'entêtement qu'il faut lui opposer. Il faut s'attacher à éclairer les ouvriers des villes, à leur faire comprendre leurs véritables intérêts. Leur salaire est suffisant ; mais ils le dépensent mal, et ils n'arrivent jamais à avoir devant eux un avenir assuré. Cette position précaire, qui les expose à toutes les tentations subversives, est la cause de tous les maux de la société ; et tel est presque le problème sérieux qui s'impose aujourd'hui aux classes aisées.

Il n'est pas impossible de corriger les ouvriers sur ce point, et de les amener à suivre l'exemple de la population des campagnes, si patiente dans ses austères travaux, si honnête dans ses tendances, si économe dans ses dépenses personnelles. Ce n'est pas uniquement par des décrets que l'on atteindra ce résultat : il faut que chacun travaille, dans son département ou dans sa ville, à éclairer les ouvriers, à leur faire aimer leur province, leur commune, leur maison même, à établir des caisses de retraite, d'assurances, de secours mutuels, des écoles pour les enfants, des bibliothèques populaires, à ramener enfin la population des villes à l'économie, aux distractions honnêtes et à la vie de famille.

Paris doit cesser d'être une capitale politique, absorbant toutes les forces vives du pays ; je l'ai proposé depuis longtemps, et notamment dans un mémoire publié en 1868. Mais il ne suffit pas d'éloigner de la capitale le siége du gouvernement ; il faut aussi mettre un terme à l'effrayante centralisation qui nous écrase, Il faut donner plus d'indépendance aux provinces, qui ne doivent plus être assujetties à sanctionner tout ce qui se fait chez elles par la signature d'un ministre. Les Conseils généraux doivent recevoir, dans l'étendue de leurs départements, des attributions presque souveraines ; ils doivent étudier et décider eux-mêmes, dans les limites tracées par les lois générales de l'Etat, toutes les questions qui intéressent les provinces. Dans cet ordre d'idées, les préfets perdraient une grande partie de leurs attributions actuelles, pour ne garder qu'un pouvoir exécutif. Ils ne pourraient exercer leurs fonctions qu'en marchant d'accord avec les Conseils généraux.

Nous sommes trop gouvernés, trop administrés ; on doit diminuer le nombre et le pouvoir des fonctionnaires, et laisser l'initiative individuelle se développer. L'indépendance de la magistrature doit recevoir de nouvelles garanties.

Quand on aura fait tout cela, quand on aura pris au faux socialisme, pour le mettre en pratique, ce qu'il peut y avoir de bon dans le peu d'idées mises en avant par ses adeptes, il ne lui restera plus pour drapeau que ses mensonges. On pourra alors aborder face à face le spectre rouge, aujourd'hui personnifié dans l'*Internationale*. On pourra inviter les délégués de cette association à se rendre près des ministres, près des députés, et à exposer clairement ce qu'ils demandent. Si le sujet de leurs préoccupations est réellement l'amélioration progressive du sort des travailleurs, ils trouveront toutes les classes de la Société marchant dans la même voie, et résolues à y persévérer. Mais si le dernier mot de leurs théories, ou plutôt de leurs déclamations, est réellement ce cri de ralliement qu'on leur prête : *La vieille Société est condamnée à périr, elle périra!* alors la vieille Société acceptera la lutte, quoique à regret, avec tous les avantages que donne le bon droit, et en ne laissant dans les rangs ennemis que ceux qui sont bien décidés à rester toujours des irréconciliables.

Auprès de ces grandes questions sociales, si redoutables, mais si belles, auxquelles l'avenir appartient tout entier, les questions politiques et dynastiques sont de bien peu d'importance. Je suis d'avis qu'il faut les résoudre, jamais par la compression, toujours dans le sens de la liberté, car la liberté corrige elle-même ses erreurs.

Veuillez agréer, Monsieur, l'expression de mes sentiments les plus distingués.

Em. Dormoy, ingénieur des mines.

Tours, le 20 juin 1871.

N° 7.

A Messieurs les électeurs du département d'Indre-et-Loire.

Messieurs,

Le Comité central de Chinon n'ayant pu réussir à nommer un candidat pour le recommander à votre choix, c'est à vous directement que je m'adresse. Vous êtes appelés à nommer un député à l'Assemblée nationale pour remplacer l'honorable général Deligny, choisi aux dernières élections comme représentant plus spécialement l'arrondissement de Chinon, et qui n'a point accepté le mandat que vous lui aviez confié.

Dans les temps difficiles que nous traversons, il est, je crois, du devoir de tout bon Français de se consacrer à son pays, et de lui offrir les services qu'un homme de cœur indépendant et dévoué peut être appelé à rendre. Nous sommes en présence de la révolution sociale vaincue à Paris, mais prête, comme elle s'en vante publiquement, à relever la tête et à recommencer la lutte.

Combattre l'anarchie, restituer à la France sa grandeur passée, par le maintien de l'ordre si profondément troublé, par une prudente réorganisation de l'armée, des finances, et par une sage décentralisation, telle est la mission que l'Assemblée est appelée à remplir, et c'est à cette œuvre que j'aurais l'ambition de prendre part.

Mes principes, Messieurs, sont connus d'un grand nombre d'entre vous. Aujourd'hui que la fusion entre les partis monarchistes est un fait accompli, il n'y a plus en France que des républicains et des monarchistes.

La République, je la repousse, parce que je ne la crois pas possible en France; parce que chaque fois que nous en avons fait l'essai, elle nous a jetés dans le désordre et la guerre civile pour nous conduire enfin au despotisme. Je suis donc monarchiste et libéral : j'aime sincèrement la liberté pour tous, comme le fait la très-grande majorité de la Chambre actuelle; comme elle je serai prêt à me rallier à la monarchie, mais lorsque le moment opportun en sera venu.

M'étant toujours tenu à l'écart de la vie publique, mes principes sont fondés sur une conviction sincère; je ne dois rien à aucun gouvernement et je n'en attends rien.

Enfin, Messieurs, j'ai toujours vécu dans votre département; mes intérêts sont les vôtres; je connais vos besoins, et je serai heureux d'y satisfaire selon mon pouvoir, si vous me faites l'honneur de me choisir pour votre représentant.

Comte DE CHASTENET DE PUYSÉGUR.

Beugny, le 28 juin 1871.

N° 8.

Tours, le 24 juin, 1871.

Messieurs et chers concitoyens,

J'avais pensé que le droit pour l'arrondissement de Chinon d'être représenté comme les autres par deux députés avait enfin été reconnu par tous.

Aussi n'avais-je pas hésité un instant à m'acquitter de ce que je regardais comme un devoir envers les dix mille électeurs qui, au mois de février, ont bien voulu m'accorder leurs suffrages.

Je m'étais trompé, et je viens aujourd'hui vous annoncer mon intention de décliner toute candidature.

Il y a cinq mois, un Comité formé à Tours, et composé d'hommes dont les noms sont restés inconnus, a déjà sacrifié Chinon en le privant d'un représentant.

Un nouveau comité s'est encore cette fois formé à Tours; je ne veux pas le discuter ici; je dois dire cependant que Chinon n'y était pas représenté. Il s'est réuni hier, et des candidatures locales y ont encore été systématiquement repoussées et les droits de notre arrondissement complétement méconnus.

En examinant de près comment ce résultat a été obtenu, on arriverait facilement à découvrir l'influence néfaste d'un homme qui, dans un but intéressé, a semé la division pour empêcher toute initiative venant de Chinon.

Cet homme est de ceux qui, l'œil sec et le cœur léger, ont conduit notre pays à l'abîme.

On verrait encore la main de celui qui, abusant d'une popularité née d'hier, doit se sentir d'une étoffe de solidité bien douteuse, puisqu'il se croit une doublure déjà à ce point nécessaire.

On retrouverait enfin ceux qui, se hâtant de ramasser l'héritage de la candidature officielle, et ayant pour but avoué de substituer leur autorité absolue à celle du corps électoral tout entier, ont osé proclamer hautement que les électeurs ne peuvent se passer de maîtres.

Le suffrage universel souffrira-t-il ces nouvelles entraves?

Cela est impossible, il en a brisé de plus puissantes. A l'avenir, il saura déjouer ces complots intéressés.

Cependant, bien convaincu qu'une organisation semblable à celle du Comité est à l'heure actuelle redoutable là où elle ne vient pas se briser contre une personnalité connue, je renonce à lutter dans le département tout entier. Je me félicite d'ailleurs de n'être ni le candidat dont les chances augmentent à mesure qu'il s'éloigne de son pays, ni le candidat assez insignifiant pour être accepté par tous ceux qui, n'osant pas ouvertement aspirer à être députés, ont aujourd'hui la prétention de les faire, et les agréent d'autant plus volontiers qu'ils leur paraissent des adversaires moins sérieux pour l'avenir.

Agréez, Messieurs, etc. A. DESPLANQUES.

N° 9.

LE CRIME DE SACHÉ.

Moniteur, 7 juillet 1871.

Un épouvantable évènement, destiné à avoir dans notre pays le plus douloureux retentissement, vient d'avoir lieu à Saché, canton d'Azay-le-Rideau. Un maire, un homme des meilleurs, des plus distingués, des plus dévoués à ses devoirs de citoyen et de père de famille, M. de Vonne, maire de Saché depuis près de vingt-cinq ans; un prêtre admirable de bonté, de charité, un prêtre exemplaire et aimé de tous, M. Lucas, curé de Saché, ont été assassinés hier en plein jour par un misérable que la justice malheureusement ne pourra plus frapper.

Voici les détails de cet horrible crime :

M. Hippolyte de Vonne se rendait hier, à six heures et demie du matin, à sa mairie où il devait présider les opérations électorales, lorsque arrivé devant la maison du nommé Delalande-Courtault, maréchal-ferrant, il tombe frappé d'un coup de fusil dont la balle l'atteint à l'épaule gauche et va ressortir par son flanc droit.

M. de Vonne s'affaisse et tombe. Aussitôt M. Barbé, secrétaire de la mairie, qui habite en face de la maison d'où le coup est parti, le relève et l'emporte dans son domicile. M. de Vonne, se sentant blessé mortellement, demande qu'on aille chercher en toute hâte le curé de la paroisse, et son médecin, M. le docteur Duclos, de Tours.

M. Barbé fils part pour remplir cette mission; au même instant, un second coup de fusil est tiré de la maison Delalande. Le jeune homme, heureusement, n'est pas atteint et s'enfuit épouvanté.

Quelques moments après, arrive le curé. Agé de soixante-dix-huit ans et boiteux, M. Lucas s'avance lentement, apportant les saintes huiles, quand un troisième coup de fusil se fait entendre. M. Lucas tourne deux fois sur lui-même, étend les bras et tombe mort à la place même où M. de Vonne avait été frappé.

L'effroi est dans tout le bourg, les portes se ferment, et nul n'ose sortir de sa maison. Le cadavre du pauvre curé reste gisant sur la voie publique.

Enfin, au bout de trois heures, arrivent à Saché, avertis nous ne savons comment, le juge de paix d'Azay-le-Rideau, M. Schleiter, la gendarmerie d'Azay-le-Rideau et M. l'adjoint de Saché.

M. Schleiter, un revolver à la main, les gendarmes armés de leurs carabines, s'avancent vers la maison Delalande : ils se la font ouvrir et y pénètrent. Ils interrogent la femme Delalande, qui répond que son mari vient probablement de se tuer, car elle a entendu la détonation d'un coup de fusil dans son grenier. La fille Delalande monte au grenier et en redescend en déclarant qu'en effet son père est étendu au milieu d'une mare de sang.

L'auteur de ce double assassinat, Delalande, qui avait voué une haine profonde à M. de Vonne, avait depuis longtemps prémédité le crime qu'il a commis. Il avait parfaitement calculé l'heure à laquelle M. de Vonne passerait pour se rendre à la mairie; aussi, aposté dans l'embrasure de la fenêtre, il attendait qu'il fût sous sa fenêtre, à dix mètres à peine, pour le frapper.

Le premier assassinat commis, il reste à son poste

d'observation, en tente un second et ne bouge pas encore; enfin le curé arrive; il est encore là, et d'un troisième coup il le tue.

Mais ce qui dénote une longue et affreuse préméditation, c'est qu'auprès de la fenêtre on a trouvé une douzaine de paquets de papier contenant chacun une charge de poudre; à côté de chacun, une balle diminuée à l'aide d'un couteau, parce qu'elles étaient d'un calibre supérieur à l'arme dont l'assassin devait se servir.

Le motif du crime a été la vengeance. M. de Vonne, dit-on, aurait été dans la nécessité de refuser à Delalande une attestation que celui-ci lui demandait; et ce refus avait été déterminé par une condamnation pour attentat à la pudeur qui avait été prononcée contre cet individu. Ni la légitimité du refus de M. de Vonne, ni sa bonté, car plus d'une fois sa charité était venue au secours de la famille Delalande, n'ont désarmé le misérable.

Quant à M. l'abbé Lucas, rien ne saurait, nous ne dirons pas excuser, mais expliquer le crime dont il a été victime; car il avait maintes fois secouru les enfants de son assassin, et la veille encore il était allé visiter un de ses enfants qui était malade.

Delalande, qui avait possédé une fortune s'élevant à 80,000 fr., avait tout dissipé par son inconduite; ruiné, endetté, paresseux, il en voulait à tous, enveloppait dans la même et stupide haine tout ce qui possédait quelque aisance, et exhalait continuellement sa haine contre « les riches et les prêtres ». Delalande avait sept enfants, que soutenait la charité publique, et particulièrement celle de M. le curé Lucas.

Nous avons dit que le malheureux curé était resté

gisant trois heures et demie sur la voie publique. Le bourg était, en effet, sous le coup d'une véritable terreur, que l'arrivée de la force armée put seule un peu calmer. La gendarmerie a été comme toujours pleine de courage et de fermeté; ajoutons que M. Schleiter, juge de paix, a dignement et bravement donné l'exemple.

M. de Vonne, frappé à six heures et demie du matin, a succombé seulement à midi. Il a, dès le premier moment, apprécié la gravité de sa blessure, a demandé les secours de la religion, et est mort avec un calme admirable.

Nous n'avons pas besoin de dire quel coup affreux va être pour sa famille la mort de cet homme de bien, si estimable, si bon, qui méritait à tant d'égards le respect et l'affection de sa famille, dont il était aussi aimé qu'il l'aimait lui-même.

M. de Vonne était dans sa cinquante-septième année. Il était gendre de feu M. César Bacot, ancien conseiller général et si longtemps député d'Indre-et-Loire, et beau-père de MM. de Montlivaud et du Houlay.

P. S. On nous communique, ajoute la *Gazette des Tribunaux*, de nouveaux détails sur l'épouvantable catastrophe de Saché :

« Quand M. de Vonne eut été frappé, deux ou trois personnes dévouées s'empressèrent de le relever et de le transporter dans une maison voisine. L'assassin, du haut de la fenêtre, aurait pu tirer sur elles : mais comme il était occupé en ce moment à recharger son fusil pour ne pas rester désarmé, il n'en eut pas le temps. On envoya alors un enfant chercher le curé de Saché, M. Lucas, pour donner les derniers secours de la religion à M. de Vonne. L'assassin tourna alors ses coups vers le messager, fils d'une des victimes que sa fureur avait désignées à la mort. La balle n'atteignit pas l'enfant et vint frapper la maison des sœurs, près de l'église. Le vénérable curé n'hésita point à voler là où l'appelait son ministère. Il savait cependant d'une manière sûre qu'il était marqué pour la mort avec quelques autres personnes, et il avait même prévenu les victimes désignées par l'assassin, en les engageant à se tenir sur leurs gardes : « Pour moi, ajoutait-il, j'ai pris mes précautions, je suis prêt, et je m'attends à une catastrophe prochaine. »

« Ces pressentiments, qui ne devaient pas tarder à se changer en une affreuse certitude, ne l'empêchèrent pas de voler où le devoir l'appelait, et il brava la mort pour remplir son pieux ministère. Ces circonstances donnent à sa fin tragique le caractère d'un véritable martyre. Arrivé près de la maison où gisait M. de Vonne, et qui est contiguë à celle de l'assassin, il fut frappé à son tour. La balle, pénétrant de haut en bas dans la poitrine, traversa un des poumons, coupa un des gros vaisseaux, et sortit en traversant la main droite. M. Lucas fit un ou deux tours sur lui-même en tendant les bras et tomba pour ne plus se relever. La mort dut être instantanée, ou du moins suivre de très-près. La personne qui avait relevé M. de Vonne voulut relever aussi M. le curé; mais l'assassin était toujours à sa fenêtre guettant une nouvelle victime, et on n'osa pas avancer.

« Circonstance affreuse! la terreur était si grande et la mort si certaine, que personne n'osa se présenter. Le cadavre demeura étendu deux heures et demie sur la route! C'est seulement à l'arrivée de la justice qu'on le releva. M. Schleiter, juge de paix d'Azay-le-Rideau, s'approcha avec un revolver, visant la fenêtre de l'assassin, et, pendant ce temps, on retira le corps de M. le curé. Ces précautions, trop justifiées par la double catastrophe et par la tentative d'un troisième crime, étaient devenues inutiles, car le misérable meurtrier s'était fait justice lui-même.

« Le vénérable M. Lucas était depuis quarante-huit ans dans la paroisse de Saché, entouré du respect et de l'affection de tous. Sa charité était grande, et l'assassin lui-même en avait éprouvé plusieurs fois les bienfaits. La veille encore, le bon curé avait envoyé du vin vieux à un de ses enfants malade!...

« Il est inutile de dépeindre la consternation de toute la population, en perdant tout à la fois son maire et son curé par une catastrophe si affreuse. Le deuil est partout, et il n'y a qu'un cri de malédiction contre les doctrines qui poussent certains misérables à de tels forfaits. »

N° 10.

Journal d'Indre-et-Loire du 13 octobre 1871.

Un Comité électoral occulte se forme contre la candidature de M. de Bridieu au Conseil général, et le 7 octobre au soir, veille de l'élection, il fait placarder dans toutes les communes un *factum* sur le modèle de celui du 2 juillet, qui lui avait si bien réussi.

COMITÉ ÉLECTORAL DE LOCHES

CONSEIL GÉNÉRAL.

Électeurs,

Le scrutin du 2 juillet a montré que nous étions en complète communication d'idées, que vous repoussiez avec nous la restauration d'Henri V, que vous vouliez l'affermissement des institutions actuelles.

M. le marquis de Bridieu, conseiller général sous l'empire, qui siége aujourd'hui *à côté* des plus fougueux légitimistes, est-il bien le candidat qu'il faut pour affermir le gouvernement républicain? A une situation nouvelle il faut des hommes nouveaux.

Nous vous proposons M. Hippolyte Duboys, *avocat* à la Cour de cassation, etc.

Les délégués de la réunion électorale de Loches : Delaporte père, avocat. — Dauphin, ancien entrepreneur. — Mardelle, négociant. — Pousset, propriétaire. — Montécot, propriétaire.

Conseillers municipaux de Loches : Blet, ancien propriétaire. — Péculier, propriétaire à Beaulieu.

Loches, le 7 octobre 1871.

LOCHES : ÉLECTION DU 8 OCTOBRE.

Conseiller général.

Inscrits,	5,129
Votants,	1,964
De Bridieu,	1,307
Duboys,	524

M. de Bridieu est élu.

ANGERS, IMPRIMERIE P. LACHÈSE, BELLEUVRE ET DOLBEAU.

www.ingramcontent.com/pod-product-compliance
Ingram Content Group UK Ltd.
Pitfield, Milton Keynes, MK11 3LW, UK
UKHW012214240726
13966UKWH00002B/739